聖俗

世界巡礼
×
銀座クラブ
時代に得た
自由自在∞の私!

SE I ZO KU

蝶々
Cho Cho

小学館

せいぞく【聖俗】

(1)聖人と俗人。

(2)宗教的なことと世俗的なこと。

(3)新しい女性が自由自在で無限大∞に進化するための、ものの考え方、生活のバランス、指標。

はじめに

「聖俗」って、あまり聞きなれない言葉ですか？
でもね、私たちが今生きている世界は、大きくわけると、聖なるものと俗なるもので構成されている……そんなことを思ったことはありませんか？

私自身も、経験を重ねるごとに、さまざまな世界のさまざまな種類の人々に出会うほどに、**人は誰しも、聖人であり俗人であり、〈聖俗〉の両方を生きている！**と痛感せずにはいられない。

だからこそ私の中心には、その言葉がいつも生きるスローガンやバロメーターのようにドーンと存在しているのかもしれません。

そして聖と俗、どちらも知るほどに、「私自身」というものは、そのどちらにも縛られない、自由自在で無限大∞の存在であることがしみじみわかってくるんです。本書でこれからじっくり語らせていただきますが、それは私だけではなく、誰だってそうなんですよ。

毎年開催している1000人単位の大規模イベントなどで、読者の方々と直接お話しすると、「自信がないんです」というお悩みが結構多くて、「そんなに可愛くて素敵なのになんで⁉」って本当に驚くことが多いんです。

その後、いろいろ話を聞いたり、考えたりした結果、きっとこれまでの社会で言われてきた画一的な「美しさ」とか「賢さ」などを始めとする、世間一般で常識とされている価値観にとらわれていたり、がんじがらめにされてしまっているからなんだろうなあということに気づきました。

だから苦しかったり、自信を喪失したりしちゃう。

もどかしく思わずにはいられないんです。「ちょっと、視野と価値観のものさしが小さすぎない？」、「誰が言ったの？　自分がダメとか悪いとか思わなくてよくない？それって、その人とそこの場所だけでの話かもしれないよ！」って。

みんな、それぞれの魅力や素敵さや可愛さがあるということに、早く気づいて心からのびやかに自由になってほしいし、あなたもまた自由自在で、無限大∞の可能性を持つひとりの貴重な存在であることをわかってほしい！

そのためにも、あなたもそろそろ「聖」と「俗」それぞれの意味、そして宇宙や神さまを始めとするこの世の中の仕組みを知って、あなたの内側やその毎日に取り入れてみませんか？

まずは、見えないものなどあるのかないのか、本当かしら？　と多くの人がいまだ半信半疑かもしれない「聖」の世界も、**じつはこんなに確かに存在していて、社会状況はもちろん、私たちの体調や普通の毎日にもつながっていたんだ！　と気づくこと。**

そうすることで、むしろ普段生きている「俗」の世界の深さや素敵さや優しさ、そして、あなたがあなたであることの貴重さや大切さにも気づき、ハッとするでしょう。単純に視野がものすごく広がって、毎日とっても息がしやすくなりますしね。

そして「聖俗」どちらも知るほどに、あなた自身も自由自在で無限大∞の存在であることが、本当にわかってくるはずですよ！

それは歯を食いしばったり肩の力を入れたりしなくてもいい、ナチュラルな無敵の境地。

あなたがあなたであることや、今ここで、この時代を生きていること自体が、楽しくてたまらなくなる！ということなんです。

目次

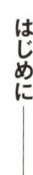

第2章 宇宙スケールを持つことで、「豊かな女」になる

第3章 「純度100%の私」が最強！

第5章

東京や放射能、イライラに負けない、高めキープでいる方法

第8章　ねじれをほどいて自由自在∞のあなたへ！

第1章

世界巡礼×銀座クラブ時代に得た
自由自在∞の生き方！

聖と俗を行き来して、私が学んだこと

20代のころは昼の銀座ＯＬと、夜の銀座ホステスの掛け持ち生活を数年にわたりしていました。今振り返れば、まさに「聖俗」の体験学習始め！のような日々でした。

銀座１丁目～８丁目というあの狭いエリアの中で、同じ日本人として生きているのに、昼の世界と夜の世界はそのルールも、価値観も、美学も、何もかも違うんです。

会社員生活は当然、健全で明快で生産的なことをよしとする、一般社会のルールに沿って営まれている。

夜のクラブは、ちょっと不良で退廃的で、時には無茶なくらいお酒や自分を消費するほど、イイ男とイイ女だともてはやされる世界。

昼間のＯＬも夜のホステスもつづけるほどに、それぞれの世界ならではの出会いと学びがあったし、それにつれどちらのよさや魅力も、広いこの世界における役割分担や存在意義もよくわかる気がしました。

そして何より一番は、真逆のような昼の舞台と夜の学校に自分の身を置き、働くという形で関われば関わるほど、自分の好きなもの、嫌いなもの、能力、特性、ゆずれないもの、人から求められること、できること、うまくできないこと……、つまり「自分」が見えてきたのです。

どのような人生経験も同じでしょうが、私の場合は、20代という多感な女性としての成長期に24時間、昼の光、夜の光を全方位当てられたことで、より濃くハッキリと自分自身というものの形が、浮かび上がってきた気がしていました。物理的、体力的には大変でしたが、楽しくて仕方がなかったですね。

不思議なことですが、男の人たちもまた、俗に言う偉い人だったり、仕事ができる方々ほど、銀座クラブでの遊び方もお上手でした。パッと集中して綺麗に飲まれるようなスタイルで、だらだら飲まれたり、初めからアフターまで粘るようなことは、絶対にありません。

きっと、夜のホンネ解放やガス抜きをうまく使って、昼の社長業や聖人君子役（?・）をギュッと濃く頑張る、〈聖俗のバランス名人〉が多かったんだと思います。

かくいう私自身は、29歳で出版デビューしてからは、急激に作家業が忙しくなったこともあり、銀座の昼と夜の生活は、30歳を前後して、順番に卒業しました。作家デビュー後は、メディアの世界での忙しいお仕事と、プライベートの世界の都市遊びと、伊勢神宮からエジプトやエルサレムまで聖地巡礼の掛け持ちが始まりました。やることなすこと、いちいち元気ですよね㈶。

聖の世界の見学にしろ、俗の世界の探検にしろ、自分の胸の真ん中にバーンと来て、はらわたにズドーンと来るような、強い光やエネルギーをずっと求めていたんだと思います。

基本的な生活としては、銀座クラブ時代と同じで、これまた4〜5年間ほどはNYと東京をベースにしたギラギラした都会の遊びや人間関係、激しい消費生活を楽しみながら流行作家風の軽いお仕事をこなしていました。

そうこうするうちに自分の中で、俗メーターが振り切れるほど〈俗っ気〉が溜まり重たくなっていたのでしょう。突如私は、何かにとりつかれたように、帰国するたびに日本の神社通いをスタートさせたり、肉体的にも精神的にもキツいとわかっているのに四国歩き遍路を始めたり、リュックを背負って山登りやキャンプを始めるなどアウトドア志向にキャラクターが180度変更！

それもこれも、無意識のうちに、〈聖〉のパワーや浄化が必要だと感じて、バランスを取りたかったのかもしれません。

ユダヤ人富豪たちの教え

ＮＹでは、なぜかユダヤ人のお金持ちグループとご縁が多く、ＮＹ時代はずっと仲よくしていたので、俗や資本主義社会のひとつのきわみやあり方、お金が人間にもたらすメリット・デメリットについて、銀座クラブ以上に、非常に勉強になったと思います。

彼らの仲間たちは、自家用ジェットで米国の別荘地からひょいっとＮＹ入りして、「3日間だけ？　今回は何しに来たの？」と私が尋ねると、「ＮＢＡのバスケット・ボールチームをひとつ買いに来た。破れそうなソックスをね」と表情ひとつ変えずに、チーム名をもじったブラックジョーク（？）を交えながら、答えるような人たちでした。

それでいて、食事のお勘定はグループ内でも、男性同士、ぴったり割り勘にすることがほとんどでした。また同じユダヤ人グループが経営するホテルやレストランで会合をすることが多かった。

NYでは常識ですが、ホテル業界も、エンターテインメント業界も金融業界も不動産業界も、ほとんどのトップは、生粋のアメリカ人ではなく、ユダヤ人たちのグループで占められています。

彼らの多くは、お金の扱いと俗社会の人の心理を読みとる天才です。素敵なレストランで食事をしながらも、食後のデザートのときも、「野暮ね」と思うこちらが野暮に感じられてしまうほど、徹頭徹尾、息を吸うようにいつも、お金や数字の話をしました。

当時、『ユダヤ人大富豪の教え』という本がベストセラーになっていましたが、私は読まないまでも、（確かに、あれだけいつもお金のことを考え、お金で人生や世界を見る訓練を代々してきているのなら、お金のプロフェッショナルだろう）と、妙に納得していた記憶があります。

そんな彼らが、なぜ私と気が合っていたのか。

それは、私がお金を基準に動くことなどまったく考えていない、また彼らにお金や儲け話を期待していない、パワーはあるのに完全に別世界の住人だったからだと思います。パーティーなどで誰かに紹介されるとき、「日本から来た可愛い宇宙人を紹介するよ」とよく言われていました。

私からすると、彼らはありあまるほどの財産やお金を所有していましたが、それでもいつも貪欲に資産を増やすことに熱心で、生活や余暇を楽しんでいる人は少なかった。数字や計算に追われる日々を送っているように見えました。近づいてくる人も公私、お金目当ての人々がどうしても多いらしく、「男も女もどいつもこいつも、物欲しそうな犬ばかりさ！」としばしばホンネをもらしていました。孤独な方々が多かったです。

その経験もあり、お金を第一にする価値観は、「危険だなぁ」とさらに確信するようになりました。

お金はあればあるほどもっと欲しくなり、うわべの便利や豊かさを人に与えてくれるようでいて、じつは人間としての大切なもの、穏やかな暮らし、周りの人を信じたり助けあう心、を失わせていくものではないか？と。

同時に、ユダヤ人とのビジネスデスクや食卓にともについても、そのやり手具合や、ビートたけしさんも真っ青なくらいの速さで飛び交う、キレありすぎのブラックジョーク（頭がいいんです）に、目をパチクリさせているような、おっとりと誠実な日本人がますます愛しくなってきました。

特に、日本で神社に通うようになり、たくさんのご縁ができ交流させてもらうようになった神主さんたちと、ユダヤ人お金持ちのあり方は対極だと感心。

いわゆる聖なる世界でおつとめされている神主さんたちは、まずたたずまいやオーラがすっきり綺麗な方が多かった。

彼らは決してお金持ちではないと口をそろえられますが、やるべき仕事も、生活に必要なものも、身の回りにキチンとそろってすべてある。そして、四季や神社の行事に沿った規則正しい生活の中、日々、神社を掃き清めたり、ご祈祷《きとう》をされていて、不思議と心静かに満たされているように見えます。

感応性の高い私の場合、ユダヤ人や大金持ちといると、彼らのバイブレーションが伝わってきて、贅沢なフォアグラやワインをいただいていても、なぜか心がザワザワしたり少々殺伐としてきます。

そして神職の方々とともに時間を過ごしていると、何もないように見える空間でも、心はシンと凪のように落ち着きます。


ただ、不思議なことですが、俗のきわみのようなお金社会に生きているユダヤ人富豪たちも、聖のきわみにあるような神職さんたちも、共通する点はありました。

それは、聖にしろ俗にしろ、「俺はこれでいい。このやり方に沿って生きていくんだ！」と心がすっかり決まっていて、だからこそ、将棋の駒をパチンパチンと指すように、迷いなくエネルギーをしっかり込めて、自分の日々や言動を行っている。だからこそ力強い世界観やその人が構築されている、そう感じました。

一方、そうして、成田空港や東京駅に降り立ってみると……一般社会の人たちは、そのどちらでもなく、なんとなく時代の流れや社会の動きに流されながら、浮遊して生きている、頼りない存在のように見えてきました。

（なんだか、あちこちに出入りする運命になってるけど。私自身は、いったいどこにいるんだろう？）私はひとり、ずっとそう考えていました。

聖の人、俗の人、一般の人、そして「私」

そんな自分のうちにあるらしき〈聖俗バランスメーター〉と無類の旅好きのおかげもあり、私は人一倍、一見は両極端に見えるような聖俗さまざまな人々に出会い、関わってきたと思います。

そして、実際にその土地土地やその世界での体験や誰かとの交流を深めるほどに、人種や世界に対する思い込みや先入観のようなものが、プチンパチンと外れていきました。「えっ、TVではあんなに知的なムードのあるあの方も、普段はそんなおやじギャグ連発なの？」とか「神主さんも、好きな女優さんや好きな体のタイプなど語るのね」など、時には妄想がバキバキと音を立てて壊れてゆくことだってありました(笑)。

でもそれはいつだって、私にとって、非常に楽しい経験！

だって、「自分だけの思い込み」という30センチくらいしか測れないものさしや度のゆがんだメガネ、そして、生きる過程のどこかで誰かに背負わされてしまったかもしれない重石をどんどん断捨離していくたびに、自分の中にスーッとさわやかな風が吹き抜け、シンプルで軽やかな自分自身になっていくんですよ。

当然、肩の力も抜けるし、ご機嫌もよくなるので(笑)、物事がより、正しくありのまま見えるようになる。さらには、世界や他人に対する無意識の差別意識や偏見も、どんどん消えていくんです。

そしてそのうちに、**「ああそうだ、私はどこの住民でもない。ただの私だ！」**と気づき、**「この世に生きている私たちは、どんな人もみんな聖人であり俗人で、のびのびとらわれず〈聖俗〉両方を生きたほうが楽しいんじゃないのかなぁ……」**と考えるようになっていったのです。

だって、前述のユダヤ人富豪たちであっても、心の真ん中に〈聖〉なるものはあり、NYの真ん中でバリバリお金マシーンになっているような今でも、毎週金曜日だけはシャバットといわれる安息日の約束を守り、家で静かに過ごしていたりする（可愛い♡）。

神主さんたちでも、「この神社と自分は、このままのスタイルで存在していればいいのかな」と迷われる日だってある。

普段は、芸能ニュースや話題のドラマしか見ないようなお母さんたちだって、何か心惹かれて、物見遊山でお伊勢参りをした瞬間、打たれたように心静かな気持ちになり、こうべを垂れ、生かされているありがたさに涙する瞬間もある。

つまり、有名人も無名の人も、社長さんもアルバイトの子も、ニッポンの神職さんもエルサレムのラビさんも、清らかなだけの人もいなければ、俗っぽいだけの人もいない。どんな成功者でも、聖人君子といわれる人であっても、この世で生きているかぎり人間ですから、普通の生活もしなくてはならないし、誰だって何かがうまくできないこともあれば、腹が立つこともある。落ち込みすぎて、生きているのが嫌になる日もあるでしょう?

他人の評価や社会的なパブリックイメージはいざ知らず、実際の私たちひとりひとりは、清らかで理想的な〈聖〉の世界やイメージと、現実的な〈俗〉の社会やしがらみの間を行ったり来たりし、時に悩み揺れ動き、なんとかバランスを取ったり整えながら、それぞれが一生懸命生きている。

そういう当たり前の仕組みが、しみじみわかってきたんですよね。

だからガッカリとか、おかしいとかいうこともなく、「人ってそういうものだよね、それぞれの舞台や課題と、それぞれの役割があるんだよね」、「お互い頑張ろう！　私も生きているかぎり、私を頑張るわ」という気持ちに、年々素直になっていく。生きるほど、経験を重ねれば重ねるほど、私はそう思わずにいられないんです。

知れば知るほど、どんな人もみなそれぞれ一生懸命生きている、可愛い存在なのですよね。

ねじれをほどこう、自由になろう！

一方で、私自身も、

1　週の前半は、伊勢にお参りに行きがてら、顧問神主さんとエネルギーと神さまの勉強会

2　中盤は打ち合わせやイベント用のドレスを買うために東京に戻り

3　後半からは、海外の仲間と京都で集合して、なぜか私が観光ガイドする（笑）

というような、〈聖俗〉の世界やそれぞれのネットワークを激しく行ったり来たりしたり、自由自在にリミックスさせたりしているうちに……それらの世界観の差がありすぎるからでしょうか？

しだいに聖地と都心のオフィス街の空気と波動の違いや、人と神さまのエネルギーの種類や関係などが、クッキリとわかるようになってきました。

さらには、「私自身の魂は、どこにでも行き来できるけれど、どこにも所属していない！」と自由自在な存在であることを意識しはじめたころから、完全に縛りやねじれがほどけたのでしょうね。

ただ普通の毎日の中で暮らしているだけで、いつもつながっている宇宙の存在や、宇宙全体の意志や流れ、そして、私たちみんなが、今この地球で生きている意味までどんどん感じたり、手に取るようにわかるようになってきたのです。

聖俗の世界観をどちらも認め、受け入れたうえ、さらに大きいスケールの宇宙の存在を体感し、そこまで視野や意識がぶっ飛んでしまうと……ちっぽけな一個人である私自身はもう何も怖いものはありません。

「私の人生は、絶対にこうでなくてはいけない！」、「あれが絶対に欲しい！　あれじゃなきゃダメ！」という、個人的などうしても！　だったり、思いつめる感じの〈我〉のようなものが、自然とスーッと消えてなくなるんですよね。余計なゴミやヒューマン・ダストが、それこそ宇宙の藻屑になったような。

女性でしたら、ご出産後に赤ちゃんと対面したときだったり、お釈迦さまや仏像の前や神聖な場所で、なぜか涙がにじんできたご経験はないですか？

ただ、ありがたくなり、生命の奇跡や神秘を感じるあのかんじ。

宇宙の存在やつながりを感じるのって、それの常時接続型・巨大版みたいなものなんです。

（これまで、チマチマ自分のつまらないことばっかり言ってて、ほんとすみませんでした。つべこべ言わずに、せっかく与えられた命を楽しんで生きます♪）という気分に自然となるんですよ。そうなれば、もう苦労もトラブルも、クリアするべき私の課題。ムダにストレッチや卓球の素振りでもしたくなるくらい、「楽しい」しかないんです(笑)。


そもそも、聖でも俗でもどっちも「いいネ！」と感じ、どちらも必要だと思って生きてきたのだし、自分自身はこれからもこの先も必要なときに必要な場所に存在すればいいのです。

銀座ですましてショッピングをする日もあれば、実家に帰省することもあれば、神社に参拝したあと温泉に入って、彼氏と焼き鳥を食べに行くこともあるでしょう。もしかしたら、エルサレムで出会った恋人と急にパリで暮らしたり、気が変わって宇宙に帰還しているかもしれません。お仕事は好きですが、10年後にどんなお仕事をしているかはわかりません。ともかく、自由自在です。

世界にはあらゆるものも場所もなんでもあって、人はみんな本当にその気になりさえすれば、すべては自由選択制なのですから。

もちろん、会社員時代は朝の始業時間や打ち合わせの長さや、面倒くさい人間関係だったり、作家という自由業をさせてもらっている今でも、原稿の〆切やスケジュールなど、物理的な限界に悩まされることはしょっちゅうです。でも、自分の心の奥底までもが、何かにとらわれていたり、暗くわずらわされているようなことは、ほとんど100％ないんです。

大変なときも悩ましいときも、「おっ、今はこれが来ましたね!?」という感じでいつも楽しく、基本的には明日の新しい自分と未来への可能性のほうを100％信じられる能天気ぶり。

いいからなんでもバッチコ～イ！　の境地です。

「それはあなたが、ほんまもんの能天気女だから！」だなんて思われますか？　そこはひとつあるのかも。

いや、そんなことは絶対にないの。みんなそうなれるから！

現実、最近では若い人を中心に、聖にも俗にもとらわれず、生まれながらに宇宙とつながる自分を感じながら、自然体で楽しくのびやかに生きている人は増えているんですよ。20代の若いオリンピック選手たちを見ていても、そう感じたことはありませんか？　もちろん影なる努力はあるのでしょうが、お国のために、何はなくとも金メダル！　と気負いすぎている様子もなく、見た目も今時男女風でおしゃれ。なのに、いざ本番になると、みんなが驚くようなすごい力をひょいっと発揮してくれる、新しいタイプの人たち。

彼らは過剰な思い込みやねじれがないぶん、本来の能力も発揮されやすいのでしょうね。世間的にいう大企業にいても、いろんな分野で優秀だったり、若くしてご活躍されている方も多いです。

それは、変わった人や、特別な人たちだけができることではないのです。むしろ、ごく普通の生活を送っているあなたから、毎日の中から、始めてほしいことなのです。

さあ、みなさんも、このへんで、ぜひ、ねじれをほどいて、自由自在の存在になって、この先の人生をのびやかに生きてみませんか?

これから、そのために知っておきたいこの世界の本当の仕組みや、日常で活かせる実践的な方法を、お話ししてまいりますね。

第2章

宇宙スケールを持つことで、「豊かな女」になる

宇宙の仕組みと生きることの意味

「自分に自信がない……」とか「可愛くないし」と言って、自分自身の内側にある無限大∞を、ねじっていませんか？

この章ではまず、私たちが生きている世界のホントのところを理解していただくために、神さまのこと、宇宙のことを含めた全体がどういう成り立ちになっているのかということをお伝えしたいと思います。

あなたが世界だと思っている家庭や職場、または日本地図だったり世界地図から、宇宙までその奥行や縦横を、四方八方一気にグンッと広げるイメージです。そのことで、まずはあなたの考え方や想像力が、自由に行き来できる空間が広がります。

そしてちぢこめていた心身を、子どものように、うーんと伸び伸びさせてみてください。あなたの生きている世界のスケールが広がれば、心を泳がせられる場所が増え、結果、今抱えている苦しみや悲しみも和らぎ、あなた自身がすっきりしてくると思いますよ。

「……そうは言っても、今目の前にあることをしなくちゃいけないし、生きている現場ではどうしてもこれが辛いのよ！」というご意見も、もちろんあると思います。わかります。現実は確かに細かくリアルで、だからこその積み重ねが大事だったりもしますものね。

でも、根本的な〈あなたの頭の中の世界設定〉の尺を、すこし大きくして見てみると、気にならなくなってくることもあると思うんです。同じノルマやミスであっても、「∞の全体や自分の可能性から見たら、そうたいしたことではない」とかえって、肩の力を抜いてスムーズにできることが出てきます。

今、現代の人たちの多くが抱えている、「なんで生きているのかわからない」とか、「なんのために私ここにいるんだろう」という寄る辺ない気持ちや、「震災後、仕事でもなんでもやっていることに意味が見出せない」とか、「これをやってどうなるっていうんだろう」という漠としたむなしさみたいなものも、「宇宙ってこういう仕組みなんだ、そして何より自分も誰しも、完璧に宇宙や世界とつながっているんだ！」とわかることで、「ああ、だから私は今、ここで生きているんだ」って心の奥底が、ホ

魂
「ココに生まれるね！」と
父と母を事前に選んでいる
場合が多い。
☆魂が綺麗だと遺伝子関係なく
肉体という容れ物も綺麗に
なります。

ッと落ち着く感じがすると思いますよ。

魂のイメージ

私たちの魂は、みんな元は同じ光ですが、その光が段階や役によって分かれて、それぞれ自分の好きなアバターに入る感じで私たちの中に入っているの。

たとえば私だったら、元の魂が「こんなものに入っちゃえ。それで蝶々とかいうのになって、急に目覚めて活動とかするようなプログラムで、こっちに来ちゃえ♪」って、この世界に来ている感じだとイメージしてください。

その目的が何かといったら、この**世界の**

出来事というテキストの中で、それぞれの魂を成長させること。

仕事から学ぼうが、結婚から学ぼうが、子育てから学ぼうが、世界のすべての出来事はテキストなんです。つまり、それぞれに与えられている普通の毎日だったり、課題を、受け身ではなく、お金や保身や安定のためではなく、〈自分自身の魂を、成長させたい！〉と意識的に一生懸命やっていれば、人の魂は次第に進化していくものなんです。すると自然に〈他人のために何かをしたい、ご縁のある人はみんな兄弟〉みたいな気持ちになっていくんですよ。

都会にいようが田舎にいようが、子どもであろうが定年退職後にいきなりその気！であろうが、各自の人間オプションや環境設定は本当になんでもいいのです。その中での気づきや成長が、一番大事なこと。

大雑把にいえば、親や上司は許してくれなくても㈥、宇宙や神さまは、あなたがどこで何をやっていてもかまわないんです。あなたらしく、すこしずつでも人としての魂が成長さえしていれば、それでオールOKなの。

それくらいのスケールや道筋で考えていると、今、現場で感じている辛さも、苦しさも、むなしさも、ふっと抜ける気がしませんか？

宇宙—神さま—私たち

まず、簡単に宇宙と私たちの関係がどうなっているのかを図説すると、イラストのようになります。

図のように実際囲われているわけではありませんが、一番外に宇宙があって、いろんな星があって、地球があって、たくさんの国があって、私たちがいる。そしてそれぞれの場で、じつは全員、神さまの使いや、神さまの分子として動いているんです。あなたもですよ。

そして宇宙は、私たちの生きている地球を含め、すべての惑星を内包する、おおもと（大元）です。さらにそこから派生したり道が分かれる感じで、「神さま経由の宇宙」や「闇経由の宇宙」など、いろんな惑星や秩序があるんですよね。仲よくしていただいている九州の宮司さんもやはり同じようなことをおっしゃられていて、神道では「だいげん（大元）」と読むみたいなんですが、まさに「おおもと」なんです。超宇宙

宇宙

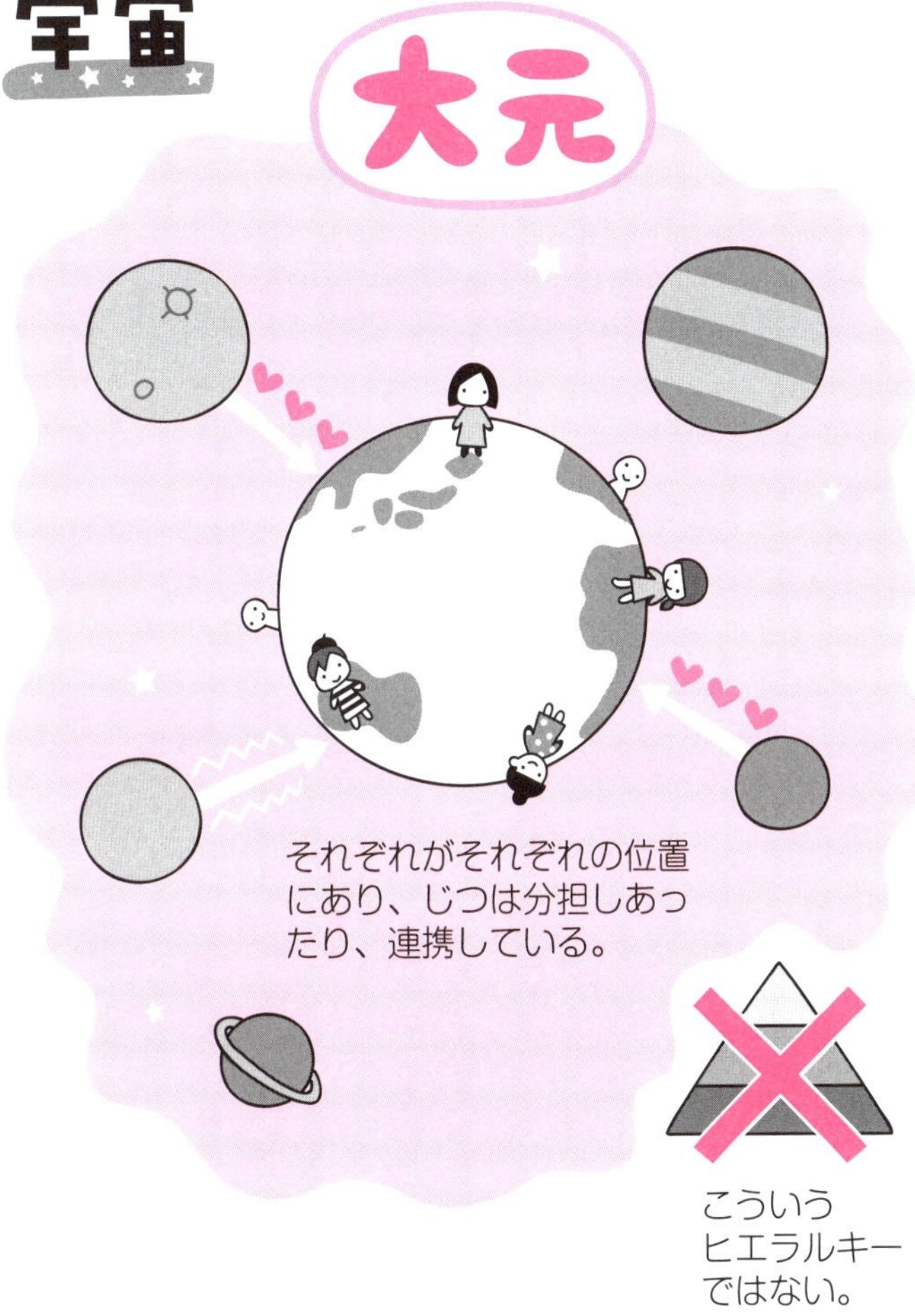
大元
それぞれがそれぞれの位置
にあり、じつは分担しあっ
たり、連携している。
こういう
ヒエラルキー
ではない。

とも言えるこの「おおもと」があって、そこからいろんなことがいろんな次元で生まれている。こういう図にはできないくらい、その次元は立体構造で、曼荼羅《まんだら》のように、絶妙なまでに美しく編まれている感じなんですよね。

そして、神さま経由の宇宙と闇経由の宇宙があるように、宇宙人にもいい宇宙人と悪い宇宙人がいる。広義でいうと、神さまも進化をしていて肉体を持たない光の存在になっている、という意味では宇宙人と言えるのかもしれません。

神さまはもともと人間出身で、私たちと同じようなことをやっていた記憶があったまま上がっている人たちだから、私たちのことを可愛く思っているんです。すごく愛情や思いやりもあるし、私たちのもがく道も、進む道も、最終的には全部、神の道につなげていきたいと思って、とても大きく見守ってくれているんですよ。だから、私から見ると神さまは一番いい宇宙人です。

宇宙には、人を惑わせる情報をインしてくる宇宙人もいっぱいいます。私が、近年やたら神社に通い、いちいち自分をセンタリングしたり、キャッチした流れを確認したりしているのは、神さまのフィルターを通さないと、ここで生きている人にとって有益な情報を出せないからなんです。

だから、「宇宙からなんか来た！」って、すぐ情報を拡散してしまう人もいるけれど、それは悪い宇宙人が人々をかく乱する目的でやっていることも往々にしてあること。大丈夫かとは思いますが、そういう情報にみなさんはのせられないでくださいね。

♥ 人のものさしから宇宙のものさしに持ちかえて、スケールの大きな女性に♡

「私は育ちが悪いから」とか、「今生きている環境が悪いから」とか言う人もいるけれど、「もう細かい〜」って正直は思ってしまいます（ひどいですか?:）。そんなのたいした差はないの。さっきの大元の話じゃないけど、神さまの目から見たらみんな同じよ。みんなドングリちゃんで、枯れていても欠けていても、内側にはみんな無限の可能性を秘めている、∞ドングリ♡

設定がちょこっと暗かったからとか、ちょこっとハッピーだからってなんなのよって。だから、その**設定を受けて、それをどう咀嚼して、リニューアルさせるかが生きている意味**なのに、設定が悪いってことで30年とか費やして、ぐじゃぐじゃしていたら、「で、いつ始めるの?:」と神さまは思うんじゃないかしら。

「こんなこと蝶々さんにしか言えませんけど……」という悩み相談をよく受けますが、

私個人が心底びっくりしたことはありません。だって本当に、みんな一生懸命で、細かいことはいろいろあっても、存在自体が可愛いんだもの！

たとえば家柄や能力の違いとか、ルックスの特徴とか、過去の失敗とか、どうにもならない業《ごう》のようなものを、深刻に捉えすぎないで。繰り返してきたように、それって単純に人生のテキストなんです。小学3年生のドリルでも、大学生のドリルでも、みなウンウン必死に課題に取り組んでいるのは同じこと。そういう各自のドリルと向き合いながら、あなたが生きていくことで、体内変換して、綺麗な結晶に輝かせることができるかどうかということが大事！

だから、一生懸命全部を受け入れて努力しようとしている子たちが、最初の設定とか致し方ないことで、「私は闇なんだ」って思うことはないです。そうやって悩んでいる時点で闇じゃないから。愚問なくらい闇じゃない。イヤだといっても、あなたも宇宙と私たちの仲間です(笑)。

安心して、自分の場所から、魂進化のスタートを頑張っていこうね。

毎日、宇宙とつながる

自分の中に、宇宙スケールや宇宙空間を持ってみても、私たちが暮らしている日常からしたら、やはり宇宙って遠く感じるし、現場の辛さについつい引っ張られて、視野が狭まり、気持ちも人間スケールＯＮＬＹに戻ってしまうこともあるかもしれません。

私もありますよ。めっちゃ宇宙に意識を飛ばしているところに、担当やマネージャーからお仕事や原稿の催促がつづき、「いやいや、君も宇宙スケールで♪　困ったときはビッグバンの精神でＧＯ☆」なんて、さすがに言えませんからね(笑)。

そんなときは、そそくさと現実×人間仕様に戻って作業や対応をしますけど、あまりに現実モードばかりがつづいても、実際、頭や体がカチンコチンに固まってきて、心が殺伐としてくるんですよね。

宇宙スケールを持つことも、体の柔軟体操と同じで、朝晩10分くらいずつでも、普

段からすこしずつ宇宙脳ストレッチをしていると、戻ったりほぐれやすいかもしれませんね。その方法は簡単♪

宇宙脳ストレッチ

〈LET'S宇宙へ☆　10分コース〉

・ベランダに出て、月や星を見る
（最近多いですからね、UFOも見られちゃうかも☆）

・満員電車や人込みの中でも、息が苦しくなってきたら、横ではなく、ちょっと上に視線を上げて意識を整え、「空」を注意して見てみる
（意識だけでも、上に飛ばせると呼吸が楽になりますよ）

〈LET'S宇宙へ☆　1時間コース〉

・デートで宇宙を近くに感じられるプラネタリウムに行く

・宇多田ヒカルさんや岡本太郎さんら、宇宙に行っちゃってるんじゃないこの方？

という人の書籍やアート、音楽などに触れてみる
（「波動は移る」の法則アリ）

〈LET'S宇宙へ☆　ライフスタイルコース〉
・新月のときに新しいことを始めて満月のときには物事を成就させるように、月のリズムに乗った生活を送ってみる
・キラキラ星のように輝くアイテム、ラピスラズリの石を使ったパワーストーン、瑠璃色の服やネイルなど、あなたにとって宇宙を想起しやすいアイテムを、ファッションやデスクに取り入れてみる

〈LET'S宇宙へ☆　スペシャルコース〉
・種子島でロケットの打ち上げを実際見たり、ＪＡＸＡのお友だちを作ってみる♡
（生の情報量はすごいですよ！　毎年大人気なので、宿の確保はお早めに〜）

ライフスタイルコースまでは、どれも気軽にできるでしょ？　こんなに簡単な行動

やフックからだって、まず意識から宇宙へとつながることができるんですよ♡　そうして**意識や視点を少し上に置く時間が増えるだけで、じつはあなた自身の波動だって上げていくことができる**んです。

もちろん、地に足をつけて毎日を生きていくことも大切です。そのうえでこれからの時代は、さらに自分の頭上にある空や、聖も俗も全部包んでくれている無限大∞の宇宙を意識する。

そして天と地の真ん中にある私たちのこの世界で、聖と俗を自由自在に行ったり来たりしながら、覚悟を決めて楽しく生きる。縦横のバランス感覚が必要ですが、社会で生きながら、宇宙脳ストレッチなどを繰り返していくことで体得していけると思いますよ。

宇宙の神さまの望む道

「いい人が早く死ぬ」、「正直者が馬鹿を見る」っていうのはこの世の決まりだよって言われたことがあるけれど、それは確かに古い世でありがちなことだったかもしれません。

「そんなのおかしいじゃん!!」と私は思っていて、もちろん子どものころはみんなそう思うと思うのですが、大人になっていくたびに〈しょうがないよ、生きるってそういうものだもの〉とあきらめていくのよね。

でも私は大人になってもその違和感を拭えなくて、むしろ大人になるほど情熱と確信を持って、公式の本で文句を言ったりしている。それも、私の宇宙ワークのひとつだから。

宇宙的な神さまが人類を整えていきたい物事の道理や流れも、もちろん、〈いい人や正直者が報われる社会〉。

今まさに地球中で起きている大変化は、いい人こそが長生きしたり、いい人こそがどんどん栄えていくっていう世界に転換するために、どうしても必要な過程だったりするんです。

今、「ほんとに大丈夫なの？」っていうことがところどころで起きているかもしれないけれど、心の真ん中が決まっていて、光や神さまとつながって進化していきたいと思っている私たちは大丈夫。

とりあえず、まず大丈夫というのがあって、もっとみんなもたくさんの人を大丈夫にするように、変わったことをしなくても、それぞれの天職を心を込めてやると全体の波動も上がる。そうやって動いている人たちのネットワークもできてくるから、それらが全部つながったときの全体のパワーの自乗の仕方がすごいんですね。そうした積み重ねが神さまの本当に望む道に近づいていくことだと思いますよ。

∞の宇宙エネルギーにアクセス！

それにね、宇宙スケールを持つって、現実を生きている私たち女性にとってもいいことずくめなんですよ。日々の細かい心配や小さな憂鬱より、むしろ想像力や行動半径が広がるから、自分の内側から不思議にパワーが湧いてくる。ちょっとバーゲンで使い込むとなくなっちゃう貯金と違って㈇、宇宙のエネルギーは、誰だってアクセスしたり、つながれて、ほぼ∞ですからね。私もいつも、人さまには「えー？」と驚かれたりもしますが、要は、それを使って自由自在に楽しく生きている。そういうことなんです。

そのような宇宙エネルギー×あなたとのルートが開通すると、自然と、これまでの常識や通例にはなかった、思わぬ展開や同じような仲間との出会いが増えていく。結果的に、女性としてワクワクするような、豊かな実りにつながって、気がつくと、あなたが宇宙スケールの豊かな女になっていく。そういう仕組みなんですよ♡

第3章

「純度100%の私」が最強!

♥純度100%のあなたが最強なワケ

純度100%のあなたが最強な理由は、人間を野菜や果物にたとえてみると、わかりやすいかもしれません。「私は大根やニンジンと違うわ!」と怒らず、どうか聞いてくださいな。

そもそも、南国のゴーヤはゴーヤで、高原地帯で栽培するのが美味しいレタスはレタス、スイカはスイカで、ブドウはブドウなんですよね。

私はワインが好きなので、海外だけではなく日本国内の各地でも、ワイナリーを訪ねたりすることがよくあります。毎回ワクワクしながら試飲するのですが、なかなか「コレ!」というものに出会えていないのが正直なところ。日本のワインもほんのりと爽やかだったりスイートだったりして、特有の不思議な魅力はあると思います。でもやはり〝ワイン風のワイン〟なんですよね。フランスやヨーロッパなど、歴史と土壌がはぐくんできた、THE王道の西洋のワインとは、やはり別物だと思います。

日本で飲むなら、各地の清涼なお水と伝承されてきた酒造りへの技術と思いが結晶された、地酒の日本酒や焼酎が最高！　それらは、純度１００％のはらわたにドスンとくるエネルギーやチカラがあって、お酒のジャンルを超えて世界基準にならしてみても、ＡＡＡというか三ツ星というか、アベレージが高いのです。

お酒にかぎらず、野菜にかぎらず、品種改良したものや、その土地のものでないものは、なぜかオリジナルの味わいや魅力も弱くなっているような気がしませんか？

最近、地産池消が叫ばれていますが、宇宙のエネルギー法則的に見ても、非常に理に適っていると思うんです。土地や季節の巡りや、そのもの自身のプログラムに逆らっていないほうが、万物は順調に成長しやすく、またクッキリその特徴や機能が強く現れるのではないでしょうか。

大きく見れば、人間もきっと、同じなんだと思います。せっかく「あなたはあなた！」で生まれているのに、わざわざ違うものになろうとしたり、与えられている特性を無視して、ゴーヤなのにブドウ・ジュースになりたい！　と言っても、宇宙や神さまから与えられている、あなたの宿命や魂を１００％活かしているとは言えないですよね。反対に、あなたもあなただけの特性を育て活かすことができれば、世界でたったひとつのオリジナル！　向かうところ敵なしの存在になれるんですよ♡

自信をなくす罠を解いたら、自信が出てくる！

長らく「蝶々」として活動する中で、セミナーやサイン会で会う読者の中に「自信がないんです」と言って、その場で泣き出してしまうような子たちがよくいることが、ずっと不思議でした。

「みんな可愛くて賢いのに、なぜ自分に自信が持てないのだろう?」、「何をそんなに溜め込んで、辛くなってしまっているのだろう?」って、いつも考えていました。

私なりに正直×ストレートに、「そんなに可愛くて素敵なんだから、いいじゃん。別に大丈夫だよ」って応えていたら大丈夫だと思っていたんだけど、どうやら、みなさんにとって、話はそんな簡単なことでもないらしいということにようやく気がついてきて。

それは、自信がないと言って悩んでいる子たちが悪いのではなく、人をそういう気持ちにさせる仕組みになっている、今までの古い社会に原因や罠があったんだ……と私もハッとしたんです。

そのことに気づき、持ち場持ち場で、すこしずつ新しい行動やコミュニティ作りを始めていらっしゃる方々も、若い人を中心に最近は増えているようですね。ただ、それらはまだまだ、一般社会的には、「点」のニュースや出来事にしか感じられないくらいに……これまでの社会って、人々をすごく洗脳するシステムを強固に作り上げてきていた。

「効率よく働くように」とか、「おとなしく上の人たちの言うことを聞くように」、「そうすれば、大きな夢は叶わなくてもこれだけの保証はある」というような、子飼い社会的な感じで。たいして価値のないものを保障することで、みんなの本当に大切なものをバッチリ没収しているお殿さまは、どなたとは言えませんけどね。それは会社の上司でも社長でもなさそうです。エネルギーの仕組みをしっかりとたどっていけば、その方々も単にそのシステムの中で、それがいいことだ、と信じて頑張ってきた方がほとんどなのですから。

話を戻して、子飼い社会風に、経済至上主義でこの世の中が動くと都合のいい人たちが、まず人々にかけた洗脳は「順列」をつけることです。国やみんなを効率よく仕切ったり動かすために、わかりやすく言えば学歴社会であったり、女の人で言えば美人なら幸せになれるというような価値観だったり。なんか不思議な基準をいっぱい作って、世の中に提供(笑)。その基準で動いてきた歴史があまりにも長いため、ほとんどの人が「これが綺麗ってことね」、「これがセレブってことね」と、鵜呑みにしてきてしまった。

それらは、子どものころから私がずっと、これまでの社会やみんなに抱いていた違和感のひとつでした。

支配する側が統制するために与えた基準を、そのまま鵜呑みにして、その基準に当てはまらない自分はダメなんだって、世界でたったひとりしかいない無限大の可能性がある自分なのに、自信を失ってしまう……。

でも、確かにその基準を信じている人が9割いたら、社会全体がそうだってことなんだから、その空気にみんな押されてしまうんでしょうね。

私自身は、「だから〜？　へんなの♪」(光速却下☆)と、受け取りたくないものは受け取らず、このようにオリジナリティあふれる人生を送ってきている女なので、そのことに気がつくのが遅かったと思います。だからみんな「自信がない」と言っていたんだということに、今ごろ気づいてごめんね、申し訳ない、という気持ちでいっぱいでした。

でもそのうえで。**やっぱりどう考えても、そんな〈小さなドングリの背比べ基準〉くだらなくないですか？**　私たちは築地で値をつけられて、出荷される大間のマグロとかエビちゃんではないのです。大きいのも小さいのも、若く脂がのっているのも、年を重ねてカサついているのも、いい味やいいダシが出ていて全部いいのです。

宇宙視点やスケールからすれば、「**ダメなものなどひとつもない。みんなの存在に意義があり、みんながいてくれるからこの世の中は動いている**」という話ですよ。

「いくら蝶々さんがそう言ったって、周りがそうなんだもん。辛さは変わらないよ」と思うかもしれませんが、大丈夫。今まであった、そういう強固な子飼いの基準や旧社会は、これからますます勢いが弱まってくると思いますよ♡

だって、そういう変な基準の中で優位に立っていると思っていた、東京でギラギラしながら生きている知り合いたちの多くが、そういった偽りの価値観が実のないものだったって、震災でやっと気づいたの。そして今まさに「どうしよう？」となって混乱や、とりあえず思考を止める状態になっている人がどれだけ多いことか。

怒り
も…
悲しみ
も…
私は私で
全部いい!
落ち込み
も…
笑顔
も…

一方で、地味だけど実のあることを地道にやってきた人たちが、「そう？　でも日常でやることは同じだよね。環境や社会の変化に対応はしていくけれど、自分自身の価値観や真ん中のあり方は別に変わらない」って平静な気持ちでいられるんですよ。

それも、どっちがいい悪いではなく、人ぞれぞれ、役割役割で、気づきにもペースや順番がありますから。

それでもそんなふうに、今みんなが〝これまでは、何かおかしかったんだ！〟ということに、ようやく気づきはじめたときなんです。

だから引きつづき、そういうつまらな

い思い込みが蔓延していたって気づいた私たちは、「そうなのよん♪　くだらないよね☆」、「みんなそれぞれでいいよね」って、あり方や言動や日々のモノの選び方などで、身の回りから波及させていけばいいんです。そうすれば、「自分は自分でいい」と心から思えるし、名実ともに社会や周りもそれを認める時代になっていくから。

その思いが自分の真ん中にあるかないかで、すべての物事のピックアップの仕方や、進路の決め方ががらっと変わりますし、ほんとに自分が自分でいいんだってわかったら、自信も出てみんな生きやすくなりますよ。

そのスピードが速いか遅いかは、国や政府のキャンペーンがどうとかじゃなく（それはないでしょう）、これから私たちひとりひとりが、みんなでやっていくことで変わっていくことです。

旧社会の基準

・お金が強い
・美人がいい
・学歴社会
・優秀なのがいい
・都会、便利
・大企業が幅をきかせる

新しい社会

♡愛が強い
♡笑顔が多い
♡波動が高い
♡純度100％（自分が自分でいられる）がいい
♡自然、ノイズのすくないところがいい
♡地域密着型、実力のある個人商店はちゃんとつづく
♡みんながつながっている

♥余計なものを取り除き、いいものを取り入れる♡

そうは言っても、これまでいいと思い込まされてきた社会の基準や価値観って、心身に刷り込まれてしまっているところがあるから、なかなか自分の中から消すのは難しいですよね。しかもみんなの中に入っている「藻《も》」のようなものが、余計にそういう思い込みを溜め込んでしまう。

私が人を見るときって、藻がたくさん入っているように見えているんですよ。街とか歩いているとだいたいの人が藻だらけなんです。「あれはなんだろう……」とずっと不思議で私なりに神主さんやエネルギーに詳しい各種プロの友人たちと研究をしていたのですが、しだいにその「藻」というのは、みんなに入り込んでいる「我」とか「思い込み」とか、私たちの周りに蔓延している「電磁波」などである、ということがわかってきたのです。それらは、本来の人体にとって、やはり余計なものなんですね。

たとえば私、自分の体についた結構な傷を病院で縫ってもらったりもせずに、ものすごい速さで自己治癒できるんです。

そういう話をしても、「いやいやそんなの無理でしょ」とか、「蝶々さんだからできるんでしょ」ってネガティブに受け止められることが、すでに藻に入られている証なんですよね。無理かもしれないとか、「これまでの常識的にあり得ない！」といった思い込みだとか社会や他者から押し付けられた「妙なる暗示」が、∞の自分を否定して、自分で能力や可能性を閉じ込めているわけだから。じつは知らない間に成長を止めている能力がかなりあるんですよ。ホントはみんなスーパーマンやスーパーウ

ーマンなのにね。

それが、この「藻」を取っていって、魂やオーラがすっきりしてきたら、だいたいのことがスムーズにできるようになってくるんです。魂とかオーラをすっきりさせるというのは、数字の計算や個別の能力の違いなどは関係なく、**みんな一律、生物としてできる**ことですからね。

だから、たとえば鼻炎の方も、生まれつきの体質かと思っているかもしれませんが、じつは目には見えないエネルギーや自分の思い込みによる、抵抗力の低め安定が原因だったりすることも、多々あるんですよ。知らず知らずのうちに、邪魔され、面倒くさいエネルギーや思い込みに侵食され、本来のあなた自身が持つ機能や能力を止められていることがあるかもしれない。

「まさか？」と眉つば気分で思われますか？　でも、いろんな人のお祓いをして、生まれつきの体質だと思っていたアレルギーや持病が治った症例を現実にたくさん見てきた神主さん方も、口をそろえてそう言います。私自身もかなりエネルギーに敏感なので、体の不調が起こったら、まず病院の前に神社に行くんです（そこで解決してしまうことも、本当に多いのです）。

藻の原因となる負のエネルギーや迷惑なものに対して、「それは受け取らない」と心に強く決めて、線を引くところは引いておくと、放射能だって受け取りづらくなるんですよ。おまじないや魔法ではなく、気持ちを強く持てたり、前向きになったり、笑顔や心地よさを大切にする生活をすることで、結果ご自身の免疫力が高まるからではないでしょうか。そのことは医学的にも多々立証されてきていることですよね。

誰だって、生きていたら汚れたり折れたりすることもあるでしょう。でも、純度100%の本来の自分の状態に近くあるほど、修復も正しくスムーズに行われる。

こういう話を聞いて、頭ではまさかね、と思っていてもみなさんの細胞はそれができるということを知っているから、きっと「早く気づいてくれよ」って思っていますよ。学校の熱血先生みたいな言いぐさで恥ずかしいのですが、「できない」って思っているからできないのであって、世界って広いし、いろいろあるし、面白いし、何よりあなたも∞の可能性を内蔵しているんです。

やろうと思えばできるから、心の内側でギブアップだけはしないでね。

余計なもの① ネット、電磁波を7割カットする

　私自身も仕事をするときにネットを使うけど、私の場合は肘までビリビリしちゃうくらい電磁波に敏感になっているから、やるときには「えいっ」と決めて、ババババッとマシンガンのようにやる。それで、定期的にメディテーション（瞑想）をしたり、海に入ったりしています。

　電磁波が人の体に藻を入れている大きな原因だっていうこともわかっているから、強い心で完全に断つことも自分に課しているんですよ。「でも現実、仕事のほとんどはネットを必要としていますから！」とは言われるだろうし、現代、特にオフィスワーカーのみなさんにとっては、断ちにくい環境、現状はわかっています。

　それでも、意識的に制限したり減らしていくことはできるはずだから。全部断つわけじゃなくて、やるときは3割に凝縮して、7割減らすというイメージで、すこしモバイル生活の断捨離を工夫してみてください。気がついている人から、始められています。友人知人も「体の重さやキレ、寝起きの感覚まで違う！」と言っていますよ。

それをやっていくかいかないかで、長い年月が積み重なれば、かなり体への影響が違ってくるでしょうね。

ネットはもちろん便利な側面もあるし、「世界はもっと多元的で、いろいろなことが同時進行で起きている」ということが実感できるので、スケールを大きくしてものを見るという、進化のための練習ツールにはなっていると思います。

でも一方で、悪い人たちがみんなを、性欲もない、意欲もない、本能もない、そういう人間にするには、このおもちゃを与えておけば簡単だっていうふうにした面もあるということを意識しておくと、「受け身で流されっぱなしでは、本当にマズイ！」と、ネットとのつきあい方に節度が持てると思うんです。

オンオフをはっきりさせて、ダラダラせず、ツールとして意識して使うようにしてみてください。

〈電磁波ブロックのおたすけアイテム〉

私は、デスクやパソコンのそばに、必ず天然のクリスタルと植物やお花を置くようにしています。申し訳ない気もしますが、彼らが電磁波を分担してくれる実感があります。ぜひお試しを。

またマグネットシートをしいた上に、はだしの足を置いてパソコン仕事をするのも、抜けていく効果はあると思います。

市販されている電磁波ブロックアイテムも、詳しい友人からいろいろ紹介されたり送られてくるので、試してはいますが、まだ「コレが絶対おすすめ」と言い切れるものに出会ってはいません。ただ、電磁波の害や防御法も、どんどん研究が進んでいくと思うので、今後もアンテナは張りつづけていたいと思います。

余計なもの② ムダなものを摂らない

電磁波やネットだけではなく、食べ物も同じだと思うんです。ムダなものを摂りすぎない。ポイントやバランスはきちっと抑えて、摂るものは摂る。

私も、お酒をガンガン飲んで、体に悪そうなラーメンなんかを食べて「楽しい♪」というときもありますけど、基本的に日常は、素材のなるべくいいものをシンプルな調理でいただいています。

このことは食べ物だけにかぎらず、薬とか、予防接種とか、習慣もありますよね。病院に行って薬を出されたりしたときも、「本当に必要なのかな」って一瞬立ち止まって考えてみて。それで自分が「いる」と思うんだったら、それは必要なんだと思うんですよ。

つまり、余計なものを摂りすぎないっていうのは、すべてのことに関して言えるんです。いつも**「本当にこれ必要かな」っていうワンクッション**を置いてみてください。自分が本当に必要なものや、好きなもの、本当にときめくものをカスタマイズしていくと、それが新しい自分の世界になるので。そうするためにも「なんかこれいらないかも」っていうものは、意識して摂らないようにしたほうがいいかな。そうすると自分自身がすっきりすると思います。

和洋折衷いいものを毎日に取り入れる♡

ここまで余計なものをなくしていく方法を紹介してきましたが、取ってばかりでは色気や豊かさって生まれないですよね。つづいては、いいものの蝶々流・取り入れ方を紹介します。

最近、大分へ旅行に行ったときに、国東《くにさき》半島のイグサの草履が気に入ってしまって、「こんなに⁉」っていうくらいいろんな種類の草履を買い込んだんです。畳ってやっぱり日本人の体に合っているんですよね♡

足つぼを押すサンダルも出ていますけど、「ゴム」という素材からなんとなく私はピンとは来ませんでした。畳の原料でもある、イグサは日本人のＤＮＡにもはや刷り込まれているようで、履いているだけで体の老廃物が抜けていき、デトックスできます。

私は洋服を選ぶときも、肌触りや素材にこだわるのですが、それは部屋着だって同じこと。コットン、シルクは蝶々の定番ですが、最近はさらにガーゼの服っていいなと感じています。ガーゼって生まれたての赤ちゃんにも着せられるくらい、柔らかで優しい素材なんですよね。

見た目の装飾だけでなく素材からこだわるくらい、**身につけるものを細やかにしていくと、自分自身にもその細やかさがプリンティングされて心も細やかになれるんですよ。**みなさんも毎日一緒に過ごすものなのですから、素材からこだわってみませんか？

母親は自分の最大のテキスト！

純度100％の自分になるには、**自分を知る**ということも必要です。今の自分というものが、両親や祖父母、祖先から連綿と連なってきた結果、ここにこうしてあるということを意識することが大切。

じつは大きな話で、今、日本人って結構ネガティブだったり、暗かったりするけれど、それは昔からの真面目で慎重な部分を先祖代々つないできているからなんですよね。だからといって、「私が今こうなのは先祖のせいだ！」って怒ったり恨んだりするものではなくて、そういう状態が、**先祖からの癖としてあるのね、って認識すること**。

人間って、正しく命をつなぐ生き方をすると、すこしずつらせんが上がって行くものなの。だから、自分の代ですこしでもおそうじしてよくしようって、意識しながら生きていくといいと思います。

じゃあ、自分がクリアしていく課題はなんだろうと取り組むときのヒントになるのは、あなたの「お母さん」です。母と娘というのは特別。母親を見ると、自分が乗り越えなきゃいけない癖や、自分に欠けているものが見えてきます。

母というのは、時にはあなたに足りないものを補ってくれる遺伝子であり、時には超えなきゃいけないもの満載の存在だったりします。近いぶん、「こういう人にはなりたくない！」という気持ちも抱きがちなんですが、原料が同じだから良きにしろ悪しきにしろ、一番近いテキストなんですよ。

母親はこういうふうに生きるとこういうふうになるよって見せてくれるうえに、あ

なたのサポーターでもあるんですよね。だから、それを憎んだり、敵対視したりするのはあまり賢くないかもしれないですね。

隔世遺伝の法則はあるのでしょうね。私自身も、じつは昔から母より祖母にシンパシーを感じていました。祖母は孫の私から見ても若いしチャキチャキしていて、頭の回転も速く、小股が切れ上がっているふうのいい女だったんですよ。

それに比べて、なんで母はこんなにメルヘンでどんくさいんだろう、って思っていたんです。でも、バキバキしたのが3代もつづいちゃうとキツいし、間に生まれるものがないんですよね。真ん中で軽くボケ（母）が入るから、中和され、ゆとりが生まれ、新しく育まれるものがある。ポテトチップスばかりじゃなくて、間にどら焼きも入るとまた美味しく食べられるみたいな感じです。だから、「私だけ、どら焼きってどういうこと？」じゃなくて、みんなそれぞれ美味しいし、可愛いんですよ。

そういう意味で、母に対してなにがしかのわだかまりがあったとしても、年を取ってくればくるほど、許せるようになってくるんですよね。「**そうかお母さんもこうやって奮闘して、私たちの毎日を守るために一生懸命生きていたから、いつも怖い顔を**

して肩肘張っていたんだ」ってわかってくる。そうしたら、「お母さんもリラックスしにどこかへ行かない？」ってなったりするでしょ。

今までいがみあったり、理解しあえないでいた現場から離れて、場所を変えて温泉にでも入りながら、「お母さんも結構、体使い込んだんだよねー」とか言っていると、ポロッと出てくる話とかもあるんです。それがじつは、自分にもそういう面があったって気づくきっかけになる話だったりする。お母さんがそうだったから、私はこういうふうに仕事を持つ女になろうと思ったんだった、とか。そういうところから、自分をさらに知っていくことができるんですよね。

「早く結婚しなさい」とか「いつ病気になるかわからないんだから、保険に入りなさい」なんて、古い社会の常識を言うこともあるけれど、食材の保存法など毎日の生活に役立つことを教えてくれることだってあるんですよね。話しあいながらコミュニケーションしていくと、それぞれの得意と不得意を補いあって、より「豊か」になっていけるんですよ。

「自分の扱い方」を知る

読者の方の中にもすくなからずいると思いますが、普通の人には見えない本質的なことを感じとったり見抜いたりする能力が、自然に備わっている人がいます。アンテナの感度が高くて、洞察力のある人。でもそういう人たちは、自分の見たこと、感じたことをそのまま素直に話してしまうと、残念ながらこの世界では「変な人」ということにされがち。

それは仕方のないことで、わからない人を責めたり、嘆いたりしても意味がないんです。彼らは本当にわからないんだし、そういう人はほかのことが得意だったりするので……。

それよりも、アンテナ感度が高い子たちが集中すべきは、まずは「**自分の扱い方**」!

この世界や、自分の持ち場や役割で、あなたが天から授かっているその能力やパワーを、できるだけ円滑にうまく起動させる方法やコツを、一個一個、着実にマスターしていくといいです。

能力の発見法は、**まずは自己評価ではなく、他人や周りから喜ばれたり指摘される美点に注目**してみることからです。純度１００％がなかなかうまくいかない方って、〈自分がなりたい（憧れる）自分〉と〈スーパー自分（元手はあくまで自分資本で、それを強化していくこと）〉の違いを、受け入れられていない方が多いような気がします。ほか詳しくは、拙著『ひらきかた』をご参照ください。

失敗してもいいのです。トライ＆エラーしながらやっていくこと。自分でやったことでしか本当のオリジナル成分にはならないし、逆にそれができれば、純度１００％の自分にかぎりなく近づきます！

そうやって、ご自分の正しい能力の使い方や、聖と俗、つまり世界や一般とのバランスを学んでいくうちに、本当にわかりあえる仲間やパートナーにも自然と巡り会えるように定められていきますから。

こうした敏感な子たちは、若い間は孤独や虚無感を感じやすいかもしれないけど、自分の扱いをマスターできれば、いつでもどこでもパラダイスになりますよ。ほんとに。

「型にはまらない自分もOKよ！」って受け入れて、純度100％の自分へと引きつづき邁進していってくださいな！

焦らなくても、完璧じゃなくっても大丈夫！

私自身、結構先へ先へと焦ってしまうタイプなので、自戒の念も込めて「**焦らなくていい、すぐにできなくてもいいんです**」と言わせていただきます。

なんでも物事の変化の現れって、多少タイムラグがあるじゃないですか。たとえばダイエットだって「私、今日から頑張って痩せる！」って決めても、明日すぐに3キロ痩せているわけじゃないでしょ。

真面目な人が多いから、すぐにうまくいかなかったり、完璧にできなかったりすると、「私ってダメなんじゃないか」って自信をなくしちゃうかもしれないけど、そんなにすぐに自分を変えなきゃとか、全部できるようにならなきゃとか思わなくていいの。ただ、なるべくいいほうに意識をおいて暮らしていけば、まだまだ進化できるんですよ、ってこと。

今ここがダメだとか、ここが上手じゃないとか、ここがくすんでいるとか、今日顔にニキビが出ちゃったとか、長い尺で見たらどうでもいいこと、それは単なる「点」なんですよ。あなたの本質ではないですよね。今デトックスされているものがそういう現象として出ているだけで、それが出切ったところでまた綺麗になるから。だからなるべく視野を大きく持って、焦らずに現象の向かっている方向と全体の流れを見てください。

純度100％の自分になるのも、今すぐにできなくても腐らずに、「こうするといいみたい」っていうイメージを持ちつづければいいんです。うまくできたりできなかったり、行きつ戻りつしながらやっていくと、いつの間にかできるようになっていますから。**自分自身を知ることと、そのうえでの強烈ないい未来イメージ設定が大事**だと思います。

そうすると、途中失敗や寄り道があっても、気がつくとそのような状態やゴールにたどりついたりしているんですよ。

第4章

神社で正しい「女スイッチ」をONにする

♥じつは神社は最先端スポット！

女の子はたとえいくつであっても、**可愛いもの、小さきもの、清らかなものを愛しく思える心理状態が、ＭＡＸ健康な状態**なんだと思うんです。

モノトーンやクールなファッションやインテリアが好き！　など、個人的な好みの世界観はあるにしても、「ピンク色っていいよね♪」とか、「赤ちゃん、可愛い♪」って素直に思えるようなら、魂や感度のセンサーはゆがんでいない。

そういう意味で、「女スイッチ」が入っているかどうかって、自分自身が健やかかどうかのバロメーターにもなるんです。

第2章では、「純度100％の本来の自分になろう！」とお伝えしてきましたが、これは女性にとって「女であること」にも通じるとっても大事なことなんですよ。なぜって、「純度100％」で「本来の自分」に戻ったら、私たち女性は絶対的にただの女になるからです。

考えてみれば当たり前ですよね。純度100%だったら、どこもひねくれるところなく、女は女だし、男は男で、自然に恋愛をしたいと思う。ナチュラルだからこそ最強であり、また生物としての最先端なんですよね。

正しく女スイッチがONになれば、「もう5年も誰ともつきあっていない！」なんて状態とは、自然に縁遠くなっていきます。柔らかくたおやかに、ねじれのない女性として生きることができるんです。

その**正しい「女スイッチ」を入れるのに、じつは神社がすごく有効だって知っていましたか？**　聖も俗もあちこち行って、研究しまくったうえで、私としては普通の女の子たちにこそ、日本の神社が最大におすすめなんです！
波動も上がりやすいし、正しい光や宇宙の真理と一番よい形でつながっていきやすい気がします。これからその女スイッチを入れる方法も含め、そんなすごいパワーを秘めた「女の子の強い味方でもある！」神社のあれこれをお伝えしますね♪

エネルギーで見たら伊勢と出雲が二大首都

なんだかんだ言って、やっぱり東京が最先端だと思っている人が多いですよね。なんといっても人口が多いですし、都市機能やショップの品揃えの充実、洗練されたサービスによる便利さや楽しみもたくさんあるのは事実。

でも神さまエネルギーという本質で見たら、日本の首都は伊勢と出雲じゃないかしら、と私は思っています。そこでは本当に、聖俗や神々を含めた人の営みというものの真髄がわかっている人たちが吸い寄せられてきて、日々穏やかに命を紡いでいる。

しかも、大きな神社やそれを包み込むような山々や自然との連携システムが鉄壁としてあり、エネルギーが穢《けが》れていない。清涼で穏やか、みんなが和やかに暮らせる街。

それこそが、最先端だと思うんです。

伊勢の方たちがみな穏やかでのほほんとされているように見えるのは、「この暮らしは、神さまに守られている」という感覚や安心感が、わざわざ言葉にしなくてもいいくらいに、どっしりとあるからだそうです。

じつは私、小さいころから人や土地などのオーラやエネルギーが見えるんですが、実際伊勢に行くと、本当に山のような形をしたバリアがかかっている。その光のプリズムみたいなバリアのエリア内に入ると、都会生活でくっついてしまった何かが祓《はら》われるのでしょうね。神社へ参拝に行く前から、バーッと鼻水が出たり涙が出たりして、デトックスが始まるんです。

また、神社って、その土地土地の風土や特徴にぴったりのものが建てられていることをご存じですか？

たとえば、奈良の春日大社には、地震を祓う神さまが祀られています。そのせいか奈良へ行くと出雲に似た盤石感があるなあ、と感じるんですよね。足元にある地層が分厚く、ちょっとやそっとのことでは壊れない感じ。

その感覚って理屈じゃないんだけど、きっとどちらも、神々によって土地がガシッと守られているからなんだろうな、と思います。だから、そこに住んでいる人たちは、都会の高層マンションに住んでいる方々とは違って、派手ではないけれど、じっくりと安心しきって暮らすことができている。

伊勢には山のようなバリアがかかっています。

出雲は礎ががっちり組まれています。

土地の人も、神・仏・人すべてが連携しているほど、その盤石感が強固になっているということが代々伝えられているのか、若い子たちでも自然とわかっているんですよね。伊勢や出雲で、今時風の男の子たちとお話ししていて「えっ？」と思うことは多々あるんです。みな、芸能人の話をするのと同じように、自然に「神さんに守られてますからね～」、「身の丈の生活をしていれば大丈夫ですわ」みたいなことを、にこにこ顔で言うんですよ！

宇宙流・神社活用法

日本には、全国どこにでも神社がありますよね。偶然ポッとあるわけではなく、千年以上この日本の要所要所に静かにドーンと構えている。

現代人の私たちも、多くの先達のようにそこへ行き、今の私たちの生活や、人生や、仲間たちに、それは本当に必要なことなのかということを問い合わせることで、「ああそうだった、そうだった！　日本の私たちはコレね♪」とすっきり明快に真ん中が決まったりするんです。心やキモのところがブレなくなる感じですね。

気持ちがぐちゃぐちゃしているときに、神社でお祓いすると悪い気分が祓われてすっきりしたと言いますよね。これを宇宙人的観点でご説明すると、神社は、その土地だけでなく、そこを訪れたり、つながる地球人たちの脳や魂の波動のセンタリングをしてくれているから、各自の気分や道筋も整ってくる、ということになるんですよ。

「というか、そもそも波動って何よ？」とあやしく思われる方々もいらっしゃるかもしれませんが、気持ちのいい場所や音楽があるように、繁華街やパチンコ屋のノイズが疲れていると辛く感じてしまうように、場所や音やモノだけでなく、私たち人も全員、〝人それぞれのバイブレーション〟を体内やオーラから放っているんです。

「似たもの同士でいると楽」「あの人と会うとなぜか癒されて気持ちがいいけれど、あの人と会うと言葉は優しく話しているのになんだか落ち込んでしまう……」というようなご経験は、あなたにもあるでしょう？

それは、言葉や衣装でどう繕っていたとしても、人それぞれの本当の波動＝調律を無意識で、人間同士必ずキャッチしあっているからなんです。

話がそれてしまいましたが、元に戻して。神社や大自然のある環境は、高い波動をキープしているところが多いため、まず、訪れた人についている邪なもの、異質なものを洗い落としてくれます。

特に神社は、〝祓う〟という目的を長年整えてきているプロフェッショナルですので、短時間でも効率的に落としてくれると思います。そして、高く調和の取れた神社

神社で
お祓いすると
悪いものや
周りの圧力が取れ…
藻
悲
邪
ネガティブ
思考
圧
悪
怒

もともとある
自分のパワーが増強！
光
エネルギー

自身が、自然にあなたの波動をセンタリングしてくれるんですよ。そうなると、「なんか、すっきりさっぱりしたな?」くらいの実感であっても、じつはゆがみは矯正され、行く前よりニュートラルな自分に戻っているんですよね。そうなることで、日常の雑事や決断事も、惑わされずにきちんと判断したりサクサクこなせるようになったりするんです。

神社は守ってくれるものではなく、チェックをしたり、**私たちの心を正すチューニング機関**みたいなものなの。

もちろん理解を強要することはできないけれど、人に対する神社の作用・働きというものは、迷信というより、むしろ物理学のようなシンプルで明快な仕組みです、と神主さんたちはおっしゃいます。

私のように、エネルギーが見えたりわかる者からしても、大変賛同できることでもあります。

神社でデトックス＆パワーアップ！

神社って、通えば通うほど、この世のあり方の根源的なスタイルを、圧縮ファイルにして体現したもののように思います。

神さまがいて、神職がいて、老若男女の私たちがいて、自然や山があって、土があって、酒があって、米があって、水があって……というふうに、命や世界をつなぐための太い幹のようなものがハッキリとあり、その代わり余分なものが全然ないんです。ご神体のそばには、必ず山などの自然があり、人々が代々そこに参って、清めてもらったり、家族が増えた報告をしたり、時には四季のお祭りに参加したりして、自然につながりを深めている。

先日、日本最古の神社のひとつでもある奈良県・大神《おおみわ》神社に行ってきたんですが、あそこはそれこそ「源！」という感じで、山という自然そのものがご神体。だから、神社に本殿はないんです。山の麓に向かって、おつとめされている神職や私たちが拝むための拝殿があるだけ。

人間好みのスタイルで、神さまを崇めたてるためにに建てるような、どや感やモリモリ感のある(笑)立派なお社はなくて、本当に生々しい原始の神がいるだけ。権力を誇示したり人を支配したりするためのねじりが加えられていない。つまり、原始の神さまのあり方そのままを体現しつづけている神社なんです。それが本来の姿なんですよね。

本来の姿といえば、私たち人間も、ただ生きているだけで背負ってしまう罪のようなものは、どうしてもあると思うんです。魚を食べたり、肉を食べたり、野菜でもなんでも命をもらって私たちは生き、世界は回っているので。

そのときどうしても生まれてしまう澱《おり》や重みも、自然に神社は祓い、大きく引き受けてくれている。そして秋の収穫のときには大地の恵みに感謝をして、雨が降らないときには、雨乞いの祈りを捧げて。何千年も前からやってきたことを、この現代でも、神社はつないでいるんですよね。ちょっと素敵じゃないですか？

だからこそ、神社では参拝することで清めてもらえたり、いいエネルギーをもらうことができるんです。敏感な人だと、ニキビが出たり、お腹を壊したり、咳が出るなど、デトックス作用が体に出たりすることもあるでしょう。私自身、伊勢に近づくと、溜まりすぎているときには口からポコポコ空気（いらないエネルギーを集めた邪気ボールのようなもの）が出て、止まらなくなることもあるくらいなんです。

そういうところへ行って、自分の中から何か余計なものが祓われたとき、自分が今（たとえば）「30歳の女性である」という当たり前のことに思い至るんです。社会の中で、ねじってねじってねじりすぎて、わけがわからなくなっていることが、「そうだった！」、「大事なことは、こんなにシンプルなことだった！」ってわかってくる。自分が女性で、神の子どもで、両親の子どもで、っていう当たり前のことが、頭でわかるのではなくて、それこそ魂や体感でスッと入ってくるんです。

「人工美人」と「光美人」

そのことが本当には理解できないまま、都会風の価値観や便利を優先するなどのねじれている状態で、女スイッチを入れようとする人たちの悲劇や迷走も、現代にはたくさんありますよね。プチ整形をして美を追求したり、補正下着をつけてみたり……、それ正しい女スイッチじゃないかも？ という不思議なスイッチが入り、本来の機能や女力がねじれちゃう。

肉体って、もちろん遺伝によるクセや基本形はあるけれど、やっぱり心の状態が、内部の輝きorよどみに直結してるんですよね。そしてそれはおのずと、肉体に物質化して現れる。だから、自分の中に藻やいろんなものをたくさん溜め込んでいて心がヘドロみたいな状態だったら、外を磨き立てたり、飾り立てたり、何をどう取り繕っても、やっぱりぶ厚いオバケなルックスになっちゃうの。女の子なのにそれは悲しいよね。年齢も関係ないんですよ。おばあさんになっても、笑顔は柔らかなのに、たたずまいはすっきりと優しい、「本当に美しい人」はたくさんいますから。

逆に、余計なものを取り払った、清らかラブリーな心で自然のサイクルにのっとった暮らしをしていたら、いくつになっても、どんな形の方でも、清潔で、キラキラ光って見えるということ。

この先は、ますます地球変化のスピードが速いですから、日々見たり接したりするもの、そして、それ以上にみなさんの想念のあり方が、みなさんそれぞれのルックス(存在から放っている、波動や光のことですよ!)にも、どんどん現れてきます。

だからきっと、これからますます人間のビジュアルも、二極化していくんだろうなあと思いますよ。「人工美人」(年を取ることが恐怖)と「光美人」(年を重ねるほど、魅力は∞!)と。

私としては、みなさんには、ぜひぜひ地元や全国の神社や神々とも仲よくして、本当の美人を目指していってほしいですね。「本当の美人」に、怖いものはないですよ♡

そういう意味でも、神社は「女スイッチ」を正しく入れてくれる場所だから、女性にはなるべく、節目節目に訪れてみてほしいです。

「女スイッチ」を入れられる場所

というわけで、最先端スポットである神社は、正しい女スイッチを入れてくれるところでもあるんですが、特に私にとって、最初に出会った伊勢神宮の衝撃はすごかったです。

もちろん、今では、伊勢にかぎらずいろんな神社の魅力もわかるし、ご縁や必要に応じて通うこともありますが、当時NYや銀座にかぶれていた私は、初めて伊勢を訪れたとき、本当に頭を殴られたくらいのショックでした。「すごい！」と心の底から、驚きました。

もともとふてぶてしいタイプなのか㊦、ディズニーランドとか、NYくらいじゃ、あれ？　すぐに何も感じなくなっちゃう……、みたいなタイプだったんですけど、伊勢では、「そんな生意気言っててすみませんでした！」って心の中で謝ったくらい、圧倒的に大きかったんですよね。

敷地が、ということではなく、「存在そのもの」が深くて大きかった。それで、「そうか、日本にはこれだけの大いなる真ん中！　があるんだ。だったら、まだ若くちっぽけな私が、できないことまで気張ったってしょうがない。これからもますます自由に、自分にできることをやっていこう♪」って、逆にさわやかな気分になれたんです。

こんなに大きいものが、こんなに深い場所が日本という国にはあるのなら、こちゃこちゃ細かい心配なんかしなくても、大筋は大丈夫なんじゃないか。基本の流れは、伊勢に素直に沿っていけば、みんななんとかいけるんじゃないかって、すごくうれしくなれたんですよ。

そのころは、作家活動の一環としてイベントを始めたころで、みんなと会って、それぞれの悩みを結構聞いたりしていて、どう答えたらいいのかなと思うこともたくさんあったんですよね。

そんなころに伊勢に呼ばれて。伊勢は黙ってそこにドーンとあって。別に自分がすべてをどうこうしようとしなくても、できる範囲でいいんだ。たとえば「私はこう思ったよ」、「私だったらこうするかな」、ということを伝えて、とにかくみんなと一緒に生きていったらいいんだ、と思えたんです。

だから伊勢は、たとえ私たちのほうが忘れていたとしても、私たちが日本人であるかぎりいつもそこにあって、みんなの心の要というか、中心に必ずつながってくれている。そして私たちが気がついてたどっていけば、必ず突き当たる場所。

日本人の私たちには、みーんなの**伊勢があるということだけでも、心強く思っていいと思います**。伊勢ではピンとこない人は、出雲でも熱田でも明治神宮でも、ピンとくるところ、どこでもいいんですけどね。

そして、たまには「女スイッチ」や日本人魂にカツを入れがてら、恋人やご家族や大切な人たちと、のんびり遊びに出かけてみてくださいね。

❤おめかしをすれば、神さまも喜ぶ♡

神社で「女スイッチ」を入れるついでに、女性として大切な「おめかし」についてもここで一言。

おめかしをするというのは女性として生まれた以上、最低限の義務と言ってもいいくらいに、じつは大事なことです。といっても、私だっていつもおめかししているわけではありません。マサイ族のかぶりもののような簡易服一枚で仕事したりしていることや、目立たないようにわざとコ汚い学生風の服を着て、旅をしていることもありますから。

でも、デートだったり、ちゃんとしたレストランへ行くときは、相手やその場に失礼のないように、雰囲気に合わせたドレスアップやコーディネートはしますね。純粋に女性としておめかしが楽しみというのもあるけれど、身だしなみを整えるということは、人間だからできること。どんな状況やシーンでも、堂々と自分をアピールしたり、社会人の尊厳を失わないために必要なことだし、女としての矜持や思いやりを示すということでもあると思う。

ごてごてすることがいいわけではなくて、シンプルでもきちんと綺麗に装っていれば相手もそういうふうに扱ってくれるし、それは社会に高い意識で参加しているということにもつながるの。

だから、**流行を追うのではなく、その季節やその場や相手に合わせて、おめかしすることは、私たち女性にとって、とても大事**なんじゃないかと思っています。

神社に行くときも、もちろん服装には気をつけています。たとえば、伊勢の内宮《ないくう》にお参りするときはいつも、成人式のときに両親がくれたミキモトのパールをつけていきます。ネックレスやピアスや指輪など、いろいろアクセサリーは持っていても、どうしても一点はそれになってしまう。

海外の露店で買ったような面白いアクセサリーや、ファッショナブルなデザインのものも好きですよ。でも、心をあらためて参拝をするときは、身につけているものにも格式が必要な気がするのです。その場所の波動の高さに合う本物のパールだと、ほかならぬ自分自身が、しっくりくるんですよね。

そういうふうに、**TPOに合わせておめかしすることも、女子としての教養**じゃないかな、と思います。神さまはもちろんみんなのことが好きだけど、特にきちんと努力する人たちを可愛く思うのも当然。だから、ちゃんとTPOに合わせておしゃれをする人たちは、大歓迎なんですよ。

それに、おめかししたり髪が綺麗に整っていると、女の人ってその日の自分に自信が持てるでしょう？

「それじゃ、外に行ってみようかな」、「綺麗にメイクしてるから、彼に見せたいな」っていう女心はありますよね。そういう意味でもちゃんとしたおめかしは、外側からの作用でも、内側に「正しい女スイッチ」を入れてくれるんです。

直接肌につける下着や口に入れるモノ、そして住んでいるお部屋やいつも眺めている風景なども、女性の生活ってじつは〝女スイッチ〟にすべてリンクしているんですよ♡

伊勢神宮へのご参拝おすすめスタイル♡

メイクは薄化粧でもしたほうがいい。

伊勢の波動に合う、本物のパールのアクセサリーなど。

正式参拝のときはジャケットをはおる。

お出かけ用ハンドバッグ。

お賽銭を入れる可愛いがま口を入れよう。

かかとの出ない靴。ヒールは3～5㎝あると◎（歩くのが辛いときはスニーカーを持参しても！）

帽子はかぶってきても、参拝のときは外す。

シンプルなワンピース。色は白・ベージュ・薄いピンクなど淡い色。
☆パンツもジーンズなどでなければOK
サムシングホワイト（ハンカチなど）
なにか白いものを身につけると気持ちも改まる☆
ストッキング（冬はタイツ）を履く。

伊勢と出雲の遷宮に学ぶ、キラキラ可愛くいられる方法

神社の効用や、神社についての正しい知識については、ここまですこしはお伝えできたかな、と思います。(神社って、辛気くさ〜い)だなんて、もう言えないでしょう。パリコレより、きっと最先端ですよ(笑)。

さらに、2013年の今年そろってご遷宮を迎えた伊勢と出雲には、もっと学びのポイントがひそんでいます。じつはこのご遷宮に、男女の関係や、女性としては気になる「若さの秘訣」のヒントが隠されているんですよ。

まずお伊勢さんは、みなさんもご存じのとおり20年に一度のご遷宮がありました。そのとき、建物も敷地もすべて新しくするんですよね。

永遠に若くある「常若《とこわか》」の精神そのもので、フレッシュに新しく生まれ変わるという感じ。

その極意や精神は、じつはすべての女の人におすすめ! 意識しなくても、みなさ

ん、されていらっしゃるはずですけどね、定期的に髪を切ったり、クローゼットの中身をごっそり入れ替えたり、気分を変えるために旅に出たり……。

気づいていないかもしれないけど、それこそ「常若」の極意なんです。私たちはなかなか家ごと替えるわけにはいかないけど、そういう身近なものを季節ごとにこまめにリフレッシュすることで、いつまでも新鮮な空気感や存在の瑞々しさをキープする方法もあるんですよね。

HOW TO 伊勢にならう、新しい女子流・常若の極意8つ

①遅くとも0時には就寝することを目指して！　できるだけ夜は寝て朝は起きる♪
規則正しく、四季や宇宙サイクルに添った暮らしを。

②靴下とランジェリーこそは、色褪せる前に新しく☆
服や着物は長く着るものがあっても、直接身につける肌着だけは、3か月～半年に一度は入れ替えましょう！

③プチッと厄落とししたいときは、ヘアカットを☆　ガラッと運気を変えたいときは、カーテンやベッドシーツなど、部屋にある大きな布ものを、白かブライトカラーにチェンジして☆
目に映る頻度や面積も広いので、空間エネルギー刷新の効果も大。

④季節の初モノや旬の食べ物は、ランチを一回抜いても食べてみるべし
旬の食べ物には、特別のエネルギーがあります。特に初モノは、常若パワーもたっぷり。買い！

⑤腐れ縁や余計なBFは、なるべくキープしない。まずアドレスの完全消去から
すぐには別れられなくても、エネルギーのパイプラインを絶つことから、始めましょう。

⑥年下や海外の友人を作り、交流してみる
知らず知らずのうちに固くなった思考や生活スタイルが活性化します。

⑦草木の緑や、季節の花々と仲よくする

自宅でガーデニングできない方は、公園やお花屋さんに通ってみて。

⑧週に一度は、いつもと違うコースで帰ってみる！

マンネリは老ける元。科学的にも変化により脳細胞は刺激されるそうです。

ほか、あなた流の「生きるアンチエイジング」、「常若の極意」も、どんどん開発してみてね♡

THE〝男〟な出雲

一方、出雲の場合、ご遷宮は60年に一度あるのですが、建物自体を壊して別の場所に建て替えたことは一度もないそうです。適宜、手入れをする形で、修繕を重ねてきています。それが出雲のご遷宮の伝統的なスタイルなのだそう。

60年に一度、動かずに遷宮。なんだか、男らしいやり方だと思いませんか？

男性はいちいち女性につられて簡単に動いたりしない。私はよく、「男はすぐに変われない」とか、「細く見える方でも、骨組みから重い！」とか言ってしまうんですが、そういう「男」というものを尊敬してもいるんです。そんな物性や性質を持つ生き物だから、女性や子どもがキャーキャー動揺しているときも、ドシッといてくれる。融通がきかなくて、なかなか腰が重いけど、お役所だったり、学校だったり、病院だったり、ずっとそこでやってくれているから頼れるっていうことも、多々ありますよね？

でもそういう男性たちにも、定期的に、常若になっている女性たちが風を入れてあげないと、どんどん重みが積もってきちゃう。

盤石で重みのある出雲と、いつもフレッシュできらめいている伊勢。どっちがいいとか悪いとかじゃない。「そうか男の人はそれでいいんだ」、「女の人はそうやっていつも新しく整えているから、風が通って新鮮なんだ」って、そこから学ぶことがあるんです。両方の力があって、バランスが取れているということなんですよね。

さらには、お互いが違いや素敵さを認めあい、そのうえでタッグを組めれば、陰陽そろって、「完全な存在！」になれるんですよ。

フレッシュ
どっしり

神社に来ると、「**そうか男と女ってこういうふうに違って、こういうふうに正しく組み合わさると最強なんだ**」っていう、根源的なことが学べるんです。日本のよき男と女の形。

お互いがそのままでいられ、かつ一緒にいることで、大きな力を発揮し、自然に無限大につながっていける……。

自分や魂をねじらず、重くならず、命をつないでいけるやり方、あり方のお手本が、神社にはあるんです。

第5章

東京や放射能、イライラに負けない、高めキープでいる方法

細胞密度をみっちりさせる

現代を生きる私たちにとって、それがいい！　とわかってはいても、完全無菌や、農薬や放射能完全なしの生活をするのは、なかなか難しいですよね。

でも、環境がどんどん厳しくなっている今は、自分の内側の細胞密度をみっちりさせている免疫力の高い人でも、ギリギリのところでそういうものに、なんとか辛勝しているという状態なんです。だから、ほんのちょっと抵抗力が落ちたりするだけで、ウィルスとかネガティブなものに入られちゃう。

こんな現状だからこそ、いつも高め安定でいることがとても大事なんです。それには、やっぱり日々のちょっとしたケアや意識の持ち方が、細かく効いてきます。

スリランカのアーユルヴェーダセンターから、日本の湯治や断食療法まで、私もいろいろトライしてみて、それぞれに効果は感じました！　でも、多忙な毎日を生きている私たちは、いつもダイエットやリトリート生活ばかりしていられないですよね。それらはあくまで健康や免疫力のカンフル剤として、折を見て取り入れるといいのです。

一番大切なのは、私たちが生まれた日本の風土や、先祖から伝承されてきている「普通のこと＝多くの人が命をつなぎやすい方法」を意識的に、規則正しくつづけること。

つまり、**朝晩のサイクルや四季のめぐりや、各自の年齢や性別にできるだけ添い、毎日を丁寧に暮らすことで、自分の細胞の層を、レンガを積むみたいにみっちりさせていくことができる**んです。

その層が充実していればいるほど、隙間から入られなくなるし、異物が入っても代謝しやすくなる。すごく細かく自分の細胞を織物みたいに織っているイメージを持ってください。

「普通の生活を丁寧にやる」という、一見地味なことがなんでそんなにいいのかというと、それによって自分を編んでいるわけなんですよね。

震災や放射能漏れだけじゃなくて、人生には破産とか事故とかネガティブなことも、起きるときには起きてしまいます。そのようなさまざまな出来事やテキストの中で、請け負ったり、工夫したり、学びながら生きることが人生だから。

「怖い」、「どうしよう」って言ってるだけでは、いつも逃げているだけの人生になっちゃう。それよりは、聖俗の真ん中の自分をみっちりさせていくことに集中したほうが、いざというときにも動じない自分になるし、自然人間としての基礎体力も高まる。

怖かったり不安だったりで、ネット

の世界に逃げたり、現実逃避したくなる気持ちもわかるけど、それではどんどん心も細胞も弱くなっていくばかりなんですよね。現場対応ができなくなる。シリアのような情勢になったとしても、その中で、眠るときはぐっと眠ることができるかできないかで、生きる実力には差がつきます。

自分だけじゃなく、家族に対しても、やっぱり日々のちょっとしたケアが細かく効いてきます。だから、子育てをしているお母さんや旦那さんのケアをしている奥さんは、相手の細胞ごとみっちりさせるイメージで、「元気と愛がみちみちているから、余計なものは入れないでしょう！」くらいの意気込みでご飯を作ってあげたり、栄養を注入してあげてください。

では、どういう生活が丁寧な暮らしかというと、やっぱり「バランス」が大切なんですよね。簡単に言うと、次のページの図のような感じです。

理想的な八角形のバランス

（蝶々の場合）

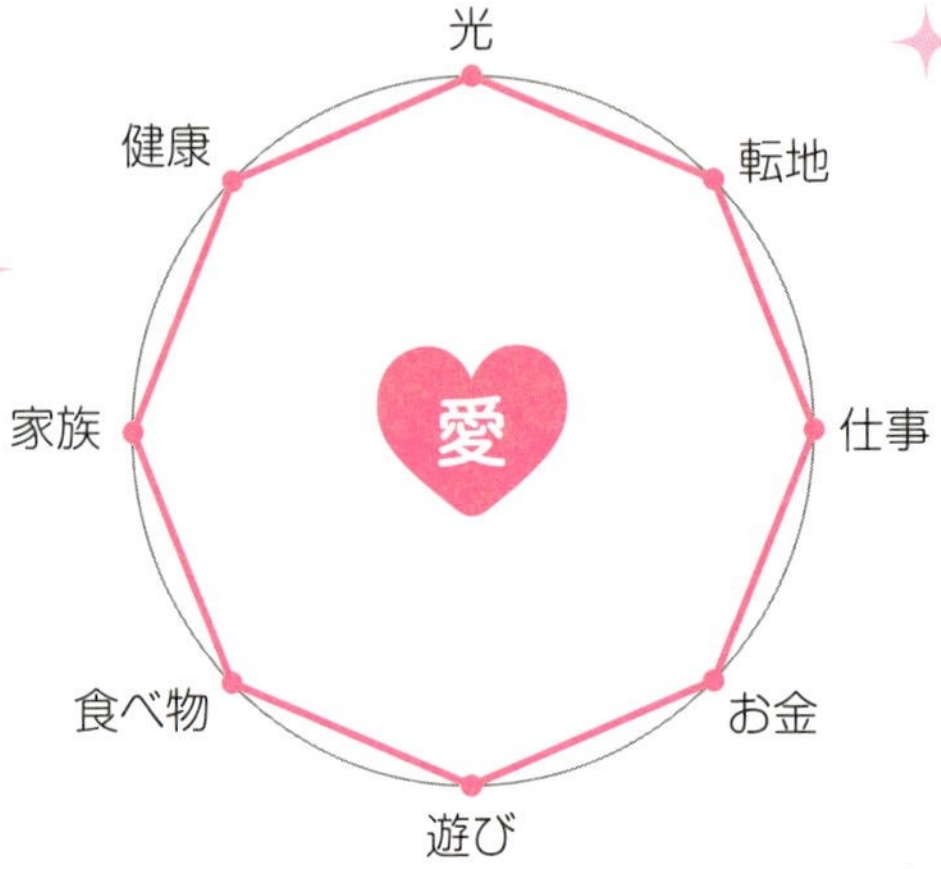

自分の状態をチェック！

各項目を当てはめて自分のバランスを見てみよう。

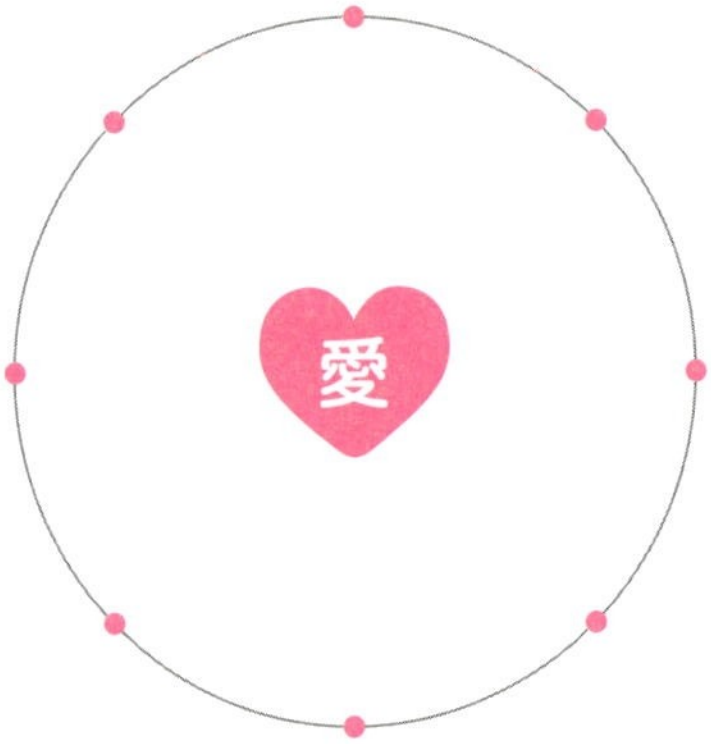

各項目は人によって違うから、決定の八角ではないですけど、日々の生活の中で、こういうバランスを取って生きるのが大切、ということなんです。人って総合的な生き物だから、現実仕事もやらなきゃいけない、でも遊びも必要だし、神さまのこともやらなきゃいけない。仕事ばかりが飛び抜けていても、いびつになってしまいますよね。

食べ物でも、野菜を食べているからヘルシーだとか、昆布を食べているから長寿とかいうわけじゃない。体を動かすことだって、走れば走るほど健康になるわけじゃないですよね？

それよりも、今は老人でも誰でもできる「ラジオ体操」が再びブームになっているように、無理のない全身ストレッチを毎日つづけるほうが、かえって、しなやかで丈夫な体作りにつながったりするんです。

加えて、「体やストレスの断捨離！」という意識は、特に男性は意識して心がけるといいかもしれませんね。疲れ切っているのに焼肉や栄養剤で無理やり精をつけて、頑張るばかりだと、どうしても体のほうは悲鳴を上げます。血流が滞ったり、ガクッと倒れてしまったり、溜め込んでいたものが破裂しちゃう。

そうなる前に普段から、1週間に最低1回か2回は、お風呂や夜のお散歩でもいいのできちっと汗や老廃物を出したり、「目が回るほど忙しい！」からこそ、目をつぶって自然や風のざわめきに耳を澄ます半日を死守する、など心がけてみてはどうでしょう？

そういう基本的な普通の出し入れを、こまめにやっていたりすることで、エネルギーが回りやすくなるので、八角形の集合体の波動が上がったり、インスピレーションも冴えてきたりします。

私は〈宇宙太極拳心〉と言っていますが、すべてはバランスなんです。心も体も生活も、バランスよく暮らしていれば、真ん中の「自分&愛！」も盤石になります。

多忙なときやデスクでは、コーヒーやタバコがひっきりなしに手放せない人も、リゾート地でリラックスしているときには、それほど必要ないことに気づいて驚いた！という話もよく聞きます。

おそらく、普段から自分の中のバランスが取れていれば、お酒や遊びや買い物などの嗜好品や消費生活も、あくまでたしなむ程度で済むのでしょうね。

悪いものだって自浄できる！

もし自分の中に変なものが入ってしまったり、具合が悪くなるようなことがあっても、あわてないで。人間はみな、自分の体の中でリペアしたり自浄したりできるんです。たとえば、生命力が120ヒットポイントあったとして、仕事でパソコンを使いすぎて105ヒットポイントになってしまっても、それを補うほかのものを投入すればいいんです。そうやって、私たち人間は、体に悪い影響をもたらすものを取り込んでも、自浄作用などでそれを乗り越えて、命をつないできたんですよね。

「ゲゲ、マイナスが溜まってきた〜」、マイナス200ヒットポイントを過ぎると、私なんか色つやがなくなってくるんだよね」、という自分なりの判断材料があって、じゃあ思い切って転地して、月光浴したり太陽を浴びたりして生命エネルギーを補充しましょう、というふうにトライアルしていけば、体や精神のエネルギー値を保つことも、だんだん上手にできるようになると思いますよ。

下げるもの（蝶々総研調べ♡）

ーのもの

まがまがしい曲：−5000

スマホ：−3000（※直接指で画面を触るので、電磁波の影響が大きい）

エアコン：−300（一晩）

牛肉：−300〜−500

ファストフード：−50〜−150

パソコン：−800

地下鉄：−30〜−50（小さく小さくやられる）

「死ね」、「最悪」という言葉：−5000

2ちゃんねる：−8000

隣の人のイライラ：−30〜−300（その人のエネルギー量による）

満員電車：−150（毎日−150なんだ！と思って、
手作りお弁当を持っていったり、お昼休みに
公園に行ったりして、一日の中でバランスを取る）

遅寝：−100（基準としては12時前にできるだけ寝る、7時には起きる）

♥人の波動値を上げるもの・

＋のもの

月光浴：5000

太陽浴：3000

海（浄化）：1600

海（海水につかる）：2000〜3000

山（チャージ）：1500〜2000

小鳥のさえずり：360

薔薇：30〜200

ピアノの音、ハープの音：500

赤ちゃんを抱っこして日々暮らす：200〜300

自転車通勤：50〜80

伊勢神宮ほか、神社
（1回行って1周して出る）：2000〜3000
（※行く人の状態にもよる）

片想い：300

両思い：1500〜3000

「ありがとう」という言葉：100

「大好き」という言葉：50

「可愛い」という言葉：30

クリスタル：500〜800

お母さんの手作りごはん、
奥さんの手作りごはん：300

忙しいときの最低限・自己管理法

日々の自己管理×免疫力ＵＰ、もちろん大切なのはわかっているけど、どうしても忙しくてそこまでできない！　という女子にはせめて、次のことをなるべく注意するようにおすすめしたいです。

①コンビニごはんとは、今日から決別！

申し訳ないですが、コンビニのおにぎりやおかず、どれも、添加物が多すぎるかと思います。　私は、おにぎり風のおにぎりという別ジャンルのものだと思っているくらいです。

コンビニで買うなら、豆腐とか納豆とかバナナ、せめて枝豆・チーズなど、素材そのままのものくらいにして、おうちでごはんを炊いてお味噌汁を作るとか、または、近所に行きつけのおそば屋さん、うどん屋さん、おでん屋さんを見つけるといいかもしれませんね♪

②駅のジュース・スタンドで、1日1回、ケールなどの青汁か、旬の野菜生ジュースを補給

コンビニやスーパーで売ってるものではなく、その場で作りたてのものがいいです。

③血を汚しがち（?）な白砂糖はできるだけ減らす方向で

おやつはほくほく安納芋なんかにすれば、自然の甘さの深い味わいに体もきっと喜びます。

④1日1回、野菜か海藻入りのお味噌汁！

お味噌汁は、手軽なわりに酵素があるので免疫力のキープに役立ちます。これもコンビニのカップのものではなくて自分で作るか、手作りのお店のものがいいですね。

⑤コーヒーや缶ジュースより、常温の水をこまめに摂る

以前、大ベストセラー『病気にならない生き方』で有名なDr.新谷と、トランプタワーのレストランでお食事をしたときに、「現代人はともかくまず、常温の水をもっと

飲まないといけないんですよ。人体の血流やリンパの流れを、川のようなものだと思ってみてください。たとえ汚れや残留物があっても、その川に、いつも綺麗な水がたくさん流れていたら、汚れも流され浄化されていきますよね？」とおっしゃっていて、「なるほどね！」と、私もひどく納得した記憶があるんです。

アーユルヴェーダの教えでも、「白湯を1日1リットル近くこまめに摂る」（→体内のアーマ・汚れを溶かして流す）というのは基本中の基本です。

⑥真夏こそ、脱エアコン美容法！

どんなに猛暑といわれる夏でも、私は意地でもエアコンを使わないで、毎晩寝ているんです。おかげで、夜通し「うーん、うーん」って子どものように軽くもだえ、目覚めると、足まで全身寝汗をびっしょりかいているんです（笑）。そのせいか、お酒の抜けもいいですし、日中は動きもキビキビ。

この「エアコンを使わない真夏の睡眠健康法」、波動高めキープにはもちろん、代謝がとってもよくなるので、特に冷え性気味の女の子にはおすすめです。最初はちょっと寝苦しくても、たっぷりの水分や冷やしタオル、そしていざというときの扇風機

本格的に眠る前に、
戸締まり＆アロマ・
キャンドルなどの
火の元の始末は
しっかりね♡

やうちわがあれば、なんとかなる。

連日5〜8時間、体を人工的に冷やしつづけるか、寝汗をかくほど暖かくしているかの差は、やはり大きいと思います。美容・健康にも、きっといいですよ。

⑦ブラジャーをなるべくつけない or 楽なものに

夏は特に暑いし、ちょっとでも締めつけられるのがイヤなので、ココだけの話、私はあまりつけていないんです、ブラジャー。黒や紺などの濃い色だったり、ふわっとゆとりのある服だったら、普段の生活からリゾート地くらいならブラなしでも結構ごまかせちゃうし、何より気持ちいい！　息がしやすい！　肩もこりづらい！　胸がすくほど、フリーな感じです。

もちろん、東京での真面目な打ち合わせや神社でのおつとめのときなどは、夏でもブラ、一応していますよ。そういうときにつけるとしたら、ワコールDIAの天女のハゴロモ・ブラや、ライトなウンナナとか、見た目美麗で、着け心地は超軽めのものです。いくら、洋服を着たときのシルエットが美的になるとしても、ガードルとかワイヤーみたいな、ごつくて固いので締めつけるのは、体の中のいろんな流れが悪くなると思うんですよね。

家に帰ったら、すぐにブラを外すようにするだけでも、体や心のリラックス度はかなり違ってきます。

CHOCHO流・冬の免疫力UPルール

また、特に冬は体も冷えて、流れが滞りがちになるので、私はできるだけ次のようなことをやっています。

①朝晩、白湯またはハーブ・ティーをたっぷり飲む

スリランカに滞在して以来、お気に入りなのがコリアンダー・ティー。煮出して飲むのですが、カフェインを含んでいないから体が楽なんです。冷たい飲み物をやめて、温かいお茶を飲む、食事前にスープを摂ることにする、そうした小さい積み重ねでも、体が温まりやすくなり、暴飲暴食に歯止めがかかる。結果、冬の免疫力は上がっていきます。

② 1日1回は、ごはんものを食べる

ブームは赤米。ごはん粒って、パスタとかパンより、温まる気がするんですよね。

③ 冬季は、おさしみ、カフェのコーヒー、生モノを減らす

身体エネルギーに敏感になってくると、右記は美味しいのですが、体温が下がる感じがします。

④緑の葉っぱものはもちろん、根菜類、かぼちゃ、さつまいも大根など、土の中でできているものを意識的に摂る

下ごしらえに少し手がかかりますが、根菜類のパワーはあなどれません。煮物、きんぴらなど、家族の命をつないできた日本のおばあちゃんの知恵は真実ですね！

⑤外でもうちでも、おでん、ポトフ、おかゆとか、なるべくあったか煮込み系をいただく

冬は鍋もいいですね。温かいものを一緒に食べると、なぜか愛も深まります♪

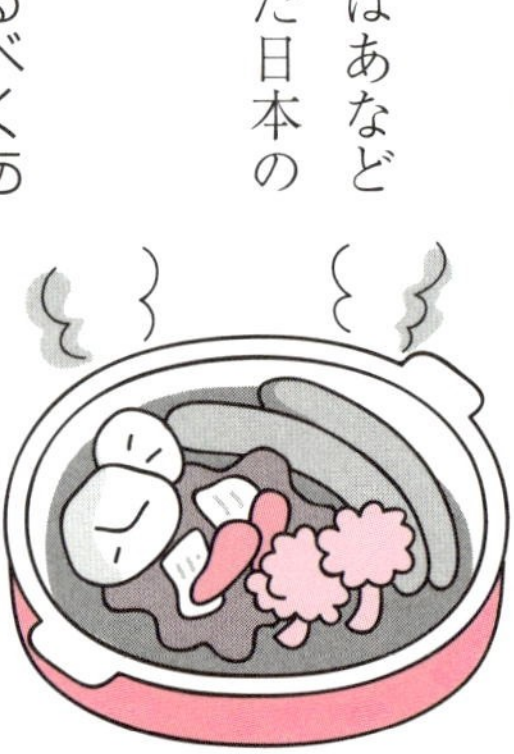

⑥アイスやビールは、めったに摂らない

私はぜんざいや熱燗にしています㊝。

⑦風邪気味かな？ と思ったら、鶏鍋やスープものを食べて、しょうがのはちみつ漬けを食べて、みかんを食べて、葛湯などを飲んで、ぐっすり寝る

市販の風邪薬や病院は最終手段です。ワクチンも打たない派です。

⑧日本の恵み・温泉で温まる

温泉は神社と並ぶくらい日本の土地が誇る、優秀なパワースポットですよね。体を芯から温めてくれるし、ときには病気やアトピーなどのアレルギーの治癒を早めてくれる。日本人だったら、利用しない手はありません。デートにもぜひ！　蝶々は温泉、大好き♡

自分の体質を見ながらあれこれ試行錯誤してみた結果、素朴ながら冬はこのへんの基本ルールを守ればいいかな、という感じになりました。女体も生モノ。内側からも冷やさないよう、日々地味～にあっためていると、やはり保ちが違うみたいです。

忙しくても、自分の体がダウンしちゃったら、元も子もない。だから日々のちょっとしたことから、できることからでいいから、自分の体の機能を高める努力をしてみてください。

「ジー」は、自己治癒力を高める合い言葉！

本当の自分に目覚めることで変わることって、本当にまだまだあるんです。

たとえば、自己治癒。「純度100％の私が最強！」でもお伝えしましたが、私、変なもの（私がよく言うオバケさんとか）に攻撃されて、原因不明の切り傷ができたり、縫わなきゃいけないくらいの傷を負ったりすることがよくあるんですが、本当に自力で治してきているんですよ。**細胞がふっくらと整列して、綺麗に治るイメージを集中して頭に描きながら、「ジー」と波動を送ることで。**

信じられないですか？　私の母もつい最近まで、全然信じてなかったです。でも、そういう思い込みを捨ててもらって、本当に綺麗に元通りになる！　治るって信じて、自ら「ジー」ってやってみるという特訓を、この半年くらい実家で母にやっていたら、病院で切れと言われていた原因不明のこぶが、消えてきているんですよ。

人には、そしてあなたにも、本来そういう力があるんだということを、もっと意識

して生きるといいと思います。

心から曇りとねじれがなくなって、本来の自分と愛のパワーが目覚めると、しだいに、自分も人も治すことができるようになりますから。

魔術ができるようになるとかじゃないんですよ。人間が持っている当たり前の機能がすごく高まる、ということなんです。

でも、「ジー」ができるようになるかどうかだけでなく、やっぱり今の時代、真剣に自分の細胞を目覚めさせて、不穏なものをはじく体にしないと、どんどん侵食されてしまう。それだけよくない環境だから。

ただじっとしていても、宇宙からいい波動が来て守ってくれたりはしないんです。

「ジー」はこうやる!

ほかにも
傷を消しゴムで消す
イメージを集中して
すると「ジー」が
できる！

自分が真剣にクリアになっていく努力はやっぱり必要なんです。

それに、今は放射能汚染問題があります。赤ちゃんがいるお母さんたちや、これから子どもを産もうとしている女性たちにとって、とても気になることですよね。

これに関しては、その人その人の状態やいる場所、覚醒度の段階などもあるので、一概には言えないんですが、でも、もしも本当にみんながお釈迦さまみたいに完全に覚醒していたら、放射能漏れしているその真ん中にいても、キューティクルつるつるの髪に汚れがついてもつるんって落ちるみたいに、大丈夫になるんです。

お釈迦さまほどの覚醒は、急にはなかなか難しいかもしれません。でも本来はそういう力があるということ。あなたにもできるということ！ 今日からでもいいので、自分の細胞にも、自分を守る∞の力！が眠っていることに気づきましょう。

最初は信じられなかったり、イメージしづらい方も多いと思うので、「病院でダメと言われたがんが治った！」など、生命のミラクル蘇生を体験している人の話を聞いたり、本で読んでみるのもいいと思います。

私もちょくちょく書いたりお話しししているので、よろしければ♪

日々の中で、意識して自分を目覚めさせていってくださいね。

第6章

女だからできる
愛のコミュニケーション術

恋愛ベタを克服する5つの方法

４章の神社で女スイッチを正しくＯＮにして、５章のように生命力も高めキープでいられたら、自然に恋愛もしたくなってくると思います。

最近、あまりにも全体の調律や磁場がおかしくなっているせいで、みんな日々生活していくだけで精いっぱい、余裕なんてなかなかないですよね……。都心になるほど、男も女も恋愛どころじゃなくなっているみたい。

でも出雲では、街中や山道で、中学生から大人まで、やけに手をつないでいるカップルが多かったですけどね。（健全なんだなぁー）と思いましたし、一緒に行った都会育ちの男子は「青春映画だけの話かと思っていた！」と目を丸くしていました。

恋や結婚という形にかぎらずとも、職場でも人間関係でも、女の人は、男の人とセットになったほうが絶対にいいし、なれるし、そのほうがかえって女性エネルギーが高まり、ねじらずに、楽しく、女の道をまっとうできるんです。

第一、凸と凹、プラスとマイナス、男と女がセットにならないと、真に新しいものは生み出せないし、大きなことができない。ひとりだけで完璧な人なんていないでしょ？

それに、人間には「誰かのために頑張る」と成長するという特質があるんですよ。だから、セットになったほうが、ひとりでどこかにこもってウンウン空と通信しているより㊇、リアルな社会で宇宙的なおつとめも自然とできるようになるんです。

男女セットになりたいと思っていても相手がいないんです！……という方も、今の時代、とても多いと思います。

しかも、可愛くて能力もあって、「えー？　なんであなたが？」っていうような人たちが「30年、一度も誰かとつきあったことがない」とか、「もう7年も恋人ができない」とか言っているんですよ。なぜか恋だけ不器用なんですよね。

それはなんでなのかなってずっと考えていたんです。そしたらね、伊勢の神さまからメッセージがあったんですよ。「能力は与えられているのに、地球での自分のパワーの使い方がヘタで、コミュニケーションや恋愛ベタな人」、「今までの社会で恋愛がうまくいかなかった人たち」の愛を成就させてこそ、新しい時代、新しい命が生まれるんです!!

そういうハイパーな人たちが、自分とベストマッチする本当の相手と出会って何かを生み出すということが、〈次の世直し〉に直結するそうです。まさに、ＬＯＶＥむすび♡ですね。

さて、恋愛は蝶々の得意ジャンル！　気合いを入れて、恋愛が苦手な人のために誰でも恋愛成就するステップをレクチャーしちゃいます♡

①自分のパワーの使い方を知る

優秀な女子って、残念ながらいるだけで男性を威圧する部分があるんですよね。だからオジサンたちや凝り固まった男子たちは、警戒したり頑なになっちゃったりする。

でも、あんまり「仕事ができるから引かれちゃう」とか「こういう私はダメ」とか思わないほうがいいです。恋愛現場ではそんなこと全然関係なくなるから。いざ好きになったら何も関係ない、そんなこと。それに今の若い子たち、32〜33歳以下の男子たちは優秀な女子のよさをわかってきています。

生命力のある強い女子に本能的に吸い寄せられたり、そばにいたいと願っている男子たちも多い。だから、これからは自分自身がハッキリして、未来を見られる場所にちゃんとハマったら、従来の型とはちょっと違っても、どんどんいいカップルができてくると思いますよ。

この不況の時代、「頼りになるし、可愛いし♪」なんて、一番の売りじゃないですか。見た目だけじゃなくてちゃんと性能もいい掃除機みたいなもの(笑)。これからは、可愛いだけじゃダメな時代。だからむしろ、これからがデキる女子の黄金時代なんですよ。

ただ、現代女性や優秀な女性って、エネルギーが「濃い」んですよね。その濃いエネルギーをどうしていいかわからないって人がほとんどなんですよね。20代のころは特に。

その持て余している濃さは、疲れている相手を救ってあげるのに使ってください!

好きな相手ができて、その人が疲れているようだったら、寄り添って助けてあげてほしいんです。自分の強さは、優秀さを証明したりいばったりするためのものではなく、〈この世や誰かに与えるため〉に授けられているんだと、すくなくとも30歳になるころには気づいてほしいですよね。

一緒に辛さや時代の困難も乗り越えて、素敵なものを生み出し、思いやりや喜びを分かち合うためにあるんです、あなたのその天性のエネルギーは！

②きめ細やかになる

とはいえ、私から見ると「雑だな〜」と思う現代女子って多いんですよね。エネルギーが濃かったりパワフルなのはいいと思うんですよ。それも天性だから。でも打ち出し方だったり、表現やコミュニケーションの取り方がね。マンガみたいというか、簡易作りというか、細やかな情緒とか毛細血管が少なくて、会話や魅力に奥行がない感じですね。

「それで、モテたいと言われても……（どうしよう）」と（ごめんね）。これは、世でモテる！といわれる男女なら、例外なく首をブンブン振って「よく言った！（ってか、知らないぞ〜)」というような共通概念だと思います。

自分が女として雑かどうかは「つきあった人が元気になるか?」、「他人が一緒にいたがるか」、「雰囲気や声がしっとりしているか?」ということがバロメーターになってくると思います。あなたはどうですか?

たとえば京都の舞妓さんが男性にウケるのは、お肌からたたずまいからしぐさ、目線のやり方まで、「はんなり・みやび」だからですよね。

彼女たちが、なぜそういうしっとりした雰囲気をまとえているかというと、根本のところは四季に沿う生活をしていて、目には見えない下着から、ハンカチから細かいところまで気を遣っているからなんです。贅沢でなくても、美意識があり手がかかっているものを身につけることで、その細やかさが使っている本人にも伝わり、自分自身の感受性も細やかになっているからなんですよね。そうすると、他人の心のひだまでも、不思議と見えたりいたわりたくなってくるんです。

きめ細やかになることとは、社会で生きる男性には逆立ちしたってできません。社会に沿っている男性は、「半沢直樹」のように戦わなければならなくて、きめはどうしても粗くなってしまいますから。男性にないものだからこそ、そこに「女」を感じて男心をそそるものなんです。

きめ細やかになれば、川のせせらぎのようなシルキータッチの一触れで男を惚れさせることだってできちゃうんですよ（蝶々は何回もある！）♡　そのための簡単なプロセスを紹介すると、

・まず下着を新しいものに替える

気持ちがふわっとします。

女性はハンカチに香水を振りかけたりして、「女感を盛ればいいんでしょ」と勘違いしている方もいらっしゃいますが、それって男性にとっては押し売り以外の何物でもない……。男性が好きなのは、清潔だけどちょっと控えめ。でも心配りと手入れが行き届いている感じなんですよ。

・きめ細かい時間を過ごす

暴論に思われるかもしれませんが、コーヒーチェーン店のコーヒーばかり飲んでいたら、女のきめは粗くなる、と思っています。

それよりも、自分が落ち着ける好きなカフェの素敵なカップで、ハーブ・ティーをゆっくりと飲んだほうが、心のきめは優しく細かくなりますよね。

忙しくて余裕のないときもあるかとは思いますが、空を見上げたりお花を見たり美しいものを見て、細かく抜くことも大切ですね。

・身につけるものを細やかにする

舞妓さんに見習って、あぶらとり紙、櫛《くし》、おしゃれながま口など、和風で細やかなものを身につけてみましょう。そうすると「日本女性風の細やかさ」が自分のスタンダードになってくるものなんです。体に含む、食生活も同様です。

私もそもそも雑な性格なので、わざと着物や和風小物を取り入れるようにしているのです。細やかなこだわりがあって、可愛いですからね。

③ 男選びのポイントは生命力！

さて、恋愛ベタさんの中には、あまりにも長い間恋をしていなくて、「自分がどういう男性が好きなのかもわからなくなってきた……」という方もいるでしょう。そんな女性は、どういう男子に注目すればいいのかアドバイスをするとすれば、やっぱり心がまっすぐ綺麗で、生命力が強い男子！ がおすすめです。今の世、そしてこれからの時代は、それが最強だと思います。

でも頑丈なばかりが能ではないですし、たとえば、自分のほうがタフネスだったら、男性にはアーティスティックな感性を求めるとか、パートナーになる場合は自分と相手とのふたりセットで考えたほうがいいですね。そのほうが、ふたりで厳しい環境を乗り切っていけるから。

あとこれは、私の個人的・体験的見解ですが、母子家庭だったりして、育ってきた過程で女性の生理的感覚やセンスが、肌でインプットされている男性って、本質的に優しくて頭のいい人が多いかもしれません。両性具有的な、視野×感性になるからかなぁ、と思います。

簡単に言えば、強いかーちゃんに育てられた男の子ってイイ！ わかってる！ ってことです。本当は泣き虫で甘えん坊だけど、男社会のえげつない権力構造の中、「よしよし」されながら、頑張るタイプ(笑)。

反対に、男系秩序のほうが色濃く育てられてしまうと、次の時代に適応するのには、苦労や乗り越えなくてはいけない壁が、結構ハードにあるかもしれないです。なぜなら宇宙の進行から見ても、新しい時代は完全に女性×母性ルールが強まる時代だから（フェミニズム！　とか女性解放！　とか、肩パット入ってる感じなのとは、違います。もっと根源的な思想というかエネルギーの流れのことです）。

だから、そういう宇宙エネルギーから来る時代の流れの中で、「真に男らしい」あり方も自然に変わっていくんでしょうね。真の男らしさって、これからは出世とかではなく、コミュニティや家庭など、誰かひとりのヒーローになれるなら男っぽいんだと思います。男子は男子なんだけど、私たちもこれまでの思い込みや、映画や小説なんかで刷り込まれた「昔風の男っぽさ」を強要しないほうがいい。

女子としてはそのへんをわかったうえで、男っぽいことをしたらほめることを繰り返したり、坂道で「ひっぱって〜♡」とか言いながら、甘えて頼ってみたりするといいんですよ。

ほめられている！、頼られている！、という自信ややりがいが、彼氏や夫、ひいては息子をも育てていくものなんです。特に男児を育てていくときには、「女の子には優しくしてね」、「●●くんは男の子だから、ママ助かるなー」と折に触れ伝えていく

と、いい男に育つと思いますよ♡

④男子の頭ん中

これまでの旧社会男性と違って、権威やお金という概念からかなり自由で、「素敵なこと、みんなを幸せにできることをしたい！」という、柔軟な頭を持った新時代対応型の男の子たちも、もちろん増えてきています。

それでもまだ、「男は稼がなきゃ」とか「社会的にちゃんとしてなきゃ」とかいう強烈な刷り込みは、あるんですよね。30代後半以上なんて、そんな人がほとんど。律義だし頼りになるし、それも素敵なんですけどね。はたから見てると、ちょっと辛そうな人も多いんです。

なぜそうなるかというと、**女性の核は「愛」だけど、男性の核は「社会」**ということに起因しています。どっちが上か下か、主流か傍流か、稼いでいるかいないのか、っていう女性にとってはどうでもいいことが、男性にはやっぱり最重要だったりするの。

男子の頭ん中！

俺を見てオーラ
力をつけたい
ほめられたい
社会
愛
受けとめる
どっしり
定位置や慣れた生活は
変えたくない！

そこをわかったうえで、「あなたのココがいい！」とか「ココがすごい！」という**その人の価値を正しく見て、伝えてあげると男性はグッときます**。

「これまで、そうやって頑張ってきたあなたも素敵だけど、ここからは肩の力を抜いて、あなたらしさを伸ばしても、もっとカッコいいと思うよ！」みたいにね。

そんな的確な会話ができれば、たとえもともとは男性のタイプの女性ではなかったとしても、「おっ！（わかってるじゃん）」と見直されますよ。その「おっ！」でハートの間口が開いたら、ふとしたきっかけや出来事で、人って恋に落ちるのは意外とあっという間だったりするんですよね。

相手の価値を正しく伝えることって、「仕事ができて、頼りになりますよね♡」なんていう通り一遍のほめ言葉とは違うんです。ねじれをほどき自分がわかれば、相手の本当の価値も見えてくるんですよ！

⑤締めるところは締める!

これまで私はいろんなところ×著書の中で、「男子に優しくしよう♪」ってみなさんにお伝えしてきました。でも、そう言うと、「優しくしたら、男がその優しさにあぐらをかくようになった」っていう人がときどきいるんです。それって、厳しいようだけど、女性側が締めるとこ締めてないだけなんですよね。

ただOK、しょうがないなーって！　そういう女の人って、銀座クラブにも必ずいましたよ。ぜったい売りかけを回収できずお客さまに逃げられたり、最後はひどい目にあっちゃうの。

「男が甘えてくる」っていうのは、聞こえはいいかもしれないけど、結局自分が締めていないだけのところがたくさんある。私は、もちろん相手に愛情は持っていても、締めるところはビシバシ☆締めますからね。そうしないと、収集がつかなくなってグチャグチャになっちゃうし、譲れないところは譲らない。

はっきりイヤとか、ダメって言うと、その場の雰囲気を壊したり、相手を傷つけたりするかもしれない。そういう不安はもちろんわかります。でも、そんなことを言っていたら、保てない秩序ってどんな世界にもあるでしょう？　恋愛や人間関係も同じ。

私も「そこまで言わなくても」って周りに驚かれることもありますけど、ちゃんと伝えることで相手を傷つけるかもしれないリスクを全部引き取っているし、言うだけ言ったら、あとはラブラブですから♪　逆に言うと、何も言わず甘えさせている人は、引き取らずに逃げつづけているということ。

イヤなことは言わないで楽しくやっていたいのは、みんな同じ。でも、自分がなんでも許すことや、なんでもOKしてしまうことが、楽しい世界を作るわけではないですよね？　あなたが言わないことで、相手は気づかないまま、別の世界の関係ない人が迷惑をこうむるかもしれないし。

やっぱり、ひとりひとりが自立して、**「おつきあいするなら、こうしましょう。これに関してはここまで」っていう線引きをきちんとすることが、本当の新しい世界を築いていく**んだと思うの。

心当たりのある方は、すこしずつその線引きをする練習をしていってみませんか。それは相手そのものを切ることではありませんから。

自分のガイドラインをはっきりさせて相手にもそれを理解してもらうという、大人のコミュニケーションの基本なんです。

⑥自分と同次元の人と結ばれる

パートナーって、どんなに好きでも、お互い同次元じゃないと本当には結ばれないもの。「パートナーは合わせ鏡」というように、世間の肩書はいざ知らず、本質的なエネルギーが同次元じゃないご夫婦やカップルって、自分のケースを含め、これまで一組も見たことないですね。

それは、今までの旧社会でよく言う「レベル」とか「階級」みたいな話ではなくて、魂の段階が同次元かどうかっていうこと。今クリアしなきゃいけないことが同じレベルだったり、同じランクのことをやっている共同体が「パートナー」なんです。

ひとつのバロメーターとしては、大きな事件が起こったときの受け止め方が近かったら、見ている世界が近いということなので、次元も近いということです。なので、いかにも話が釣り合わないような人たちが結婚したりカップルになったりするのは、本当は何かしらねじれがある。お互い相手の本当のところに目をつぶっていることが多いんです。

本当に組み合わさるべき人は、同じようなことを考え、同じことをしなきゃいけなくて、組むことで同じことをともに見ていかなければいけない人だったりするので、そのことを心に留めておくといいと思います。

♥男子を癒す魔法「ちちんぷいぷい」のかけ方

東日本大震災が起きてからこれまで、東京の大会社に勤めてる男の子たちは本当に大変みたいで、「もう死ぬかも……」という相談をされることも2～3回どころではなくありました。そういうとき、私は「死なせない」って言っているんだけど、それは口説き文句とかではまったくなく㊦、本当に死なせないことができると思っているから、言葉の励ましや光のバリアをかけるつもりで、そう言っています。

本気で「死なせない！」と言うことで弱ったときはその言葉を思い出し、励まされたりするんですよね。「あー、あいつ、俺のこと死なせないって言ってたなあ」って。心強くさせる言葉だから、みんなにも惜しまずに周りの男子や大切な人たちに言ってもらいたいな♡

さっきの「ジー」の話と一緒で、それは私が変わっているからできるとかいう話じゃなくて、みんなもできるんですよ。女の子はみんな、生まれながらに母性を持っている女神なんですよ。あんなに弱くてあやふやな存在の赤ちゃんの命を守る能力が備わっているんですから。

それを、誰彼かまわず振りまいていると大変なことになるんだけど、これぞっていう人には、「はいよ」ってあげてみてください。それが女としての、大事な女神の仕事だったりするから。

私たちはそれができる能力を授けられて、今ここにいるんです。旦那さんに、疲れた男の子たちに、ちちんぷいぷいしてあげてほしいんですよ。彼らはもう満身創痍だから。

ちちんぷいぷいなんて、そんなの気休めだよ、効くわけないよって思うかもしれないけど、それは、お母さんとか、女性にしかできない確かな魔法なんですよ。だから旦那さんや彼に試しにやってみてあげると、「あー、なんか治る気がしてきた」ってなる。相手の余計なものが祓われて、ラブ注入された感覚を覚える。そこが肝心！

男性って、自分がイケイケなときは、女子のできないことをガンガンやってくれる。でも、ガタッと地面が揺れて受け身のときとか、奥さんが大量出血してるときとか、

女の子ができる2つの愛の魔法♡

1 お祓い系消毒！

ちちんぷいぷい
神社でお祓いしているイメージで。

2 ラブの温熱療法

ギュ
ナデナデ

スキンシップでラブパワー注入！

そういう場面になると腰が立たなくなっちゃうことがある、可愛い生き物。

だから、男子はちょっと出だしが遅れているだけで、ちょっと迷っているだけで、いざというときはすごいんだってことをわかったうえで、ちちんぷいぷいしたり、ちょっといいシチューを食べさせてあげたり、一緒に北海道の温泉に入ったり、生命力の上がるデートをしたりして治してあげると、あとでちゃんと追いついてきて、私たちにできないことをいっぱいやってくれる。

だから今、旦那さんや彼が疲れていて、あなたが思うようなデートや暮らしができなくても、本当は彼らだって、できればやりたいんだってことをわかってあげて、女の子のわがままが出そうになっても「私はわかっているからね」と言って、寄り添ってあげてください。そんなことができる彼女や奥さんなら、ほかの女性じゃもう満足できないですよね♡
※蝶々注：「締めるところは締める」でも言いましたが、〝可愛がり〟もやりすぎるとだめんずになるので、あなたなりのルールや大切にしてほしいことは厳守してもらったり、彼ができることはやってもらうなど、頼るところは頼りましょう。大人のラブ・コミュニケーションは緩急つけてね♡

第7章

生まれ変わった私を社会にリリース！

生まれ変わった私を社会にリリース！

いかがでしょう。

ここまでの話で、宇宙からすれば聖俗どちらもOKで、どちらもあるから完璧であるこの世界で、じつは私たちひとりひとりも、自由自在で∞の可能性を秘めている存在だということや、そのスイッチの作動方法や日常での自分力キープの方法など、わかっていただけたかと思います。

もし今、すこし息がしやすくなっていたり、「**なんだかよくわからないけれど、私も、いけそうな気がしてきた！**」と感じてくださっているとしたら、それは、あなたのねじれや思い込みが、すこしほどけてきた証拠です！

そのほどけてきたのびやかな自分を、ぜひ、あなたが今生きている職場や家庭や人間関係の中で、体現したりリリースしていきたいですね♡

思いこみ
不安
世間体
思いこみ
不安
世間体

女子の才能

才能って、モノを書く才能とか何かクリエイティブなことができることだけが才能じゃないんですよ。家族のために心のこもった食事が作れたり、人や動物の気持ちがわかったり、癒してあげたりできるのも天性の能力、スペシャルな力なんです。特にこれらは、女性に多い才能だと思います。

今までは世間がそういうことを才能と認めず、わかりやすい対価を支払わなかったし、その才能を「プロ」として認定していなかったかもしれない。だから、天性の女子の才能がある子たちが、自信をなくしてしまうことが多かった。でも、すくなくとも私はそれを才能だと尊敬しているし、私以外にもそういうふうに評価する人々が増えてきています。若い女性たちでも、専業主婦希望の方々が増えているようですしね。それもやっぱり、宇宙や神さまからすれば、その人にしかできない素敵な宇宙ワークなんですよね。

だから、安心して自分の素敵なところを伸ばしていってほしい。それを認めて評価してくれる相手や場所は、既存の会社やマーケット以外でも必ずそばにあるので。

そしてその才能を現実の世界やコミュニケーションの中で開花させるのが、聖俗の真ん中を、自分らしく生きる♡ってことなんですよ。

そんなあなただけの才能の発見の仕方、活かし方をこれから考えていきましょう！

日本女性に生まれたこと=素敵なことと自覚する

最近、「天職がない」とか、「運命のパートナーがいない」とか、いろんな「ない」ことをみんなが口にしているのをよく聞きます。でもね、本当はすでに天職のことも運命のパートナーのことも、生まれたときからインデックスはみんなの中にあるんです。

ただやっぱりトラップやこんがらがりも多い時代なので、ご本人が「私も私の天分を生きる!」とちゃんとスイッチを入れないと、内在センサーは起動しない。

自分がこの時代に日本女性としてここに生まれたっていうことがどういうことか、特性がなんなのかがわかると、シャキーッとして、本来の力が出やすくなるんです。反対に髪を金色に染めて、「American Girl」とかプリントされているTシャツを着ていても、それは、日本に生まれた私たちの本来の姿ではないから、天分の強いパワーまでは出にくいかもしれませんね。

たとえば、お母さんだったら「今この子を育てなきゃいけない」とか、私だったら「こういうことをみんなに伝えていかなきゃいけない」とか、これから結婚して子どもを産まなきゃいけないっていう人もいるだろうし、大学を卒業したらパリに留学しなきゃ、という人もいるでしょう。

みんなそれぞれ「これをやらなきゃ死ねない！」ということをやりながらも、**私のルーツは日本女子だよね、って意識的に思いながら生きる**んです。そうすると、自ずと「これだ！」っていう仕事や、命をつないでいくためのパートナーや仲間に出会ったり、いろんなことが変わってくるんですよね。

ねじれや藻が取れて、元の形がハッキリすれば、才能だって際立ってくるんですよ。だいたい、今、問題意識を持って奮闘されている女性って、みんなこれから来る時代に活躍する次世代メンバーなんですよ。だからどこに行っても、何をしていても、いつも同じ女性たちを励ますような、そういう役割になることが多いんです。そんな方たちは、他人を変えようと力を入れすぎるより、まずは、自分自身のねじれをほどいた状態で、キラキラしたり楽しんだりしていることが一番です。

もちろん、特にビジネスの世界では、楽しいばかりではいられないと思います。本を書くのと一緒で、作家本人が「楽しい〜♪」って勢い込んで書いていても、最後は誤字脱字だらけだったらダメでしょう？　そこはプロフェッショナルとしてきちんと作業したり詰めることも必要。それでも、「やっぱり私、これができて嬉しい！」って感謝しながらやることが、天性の仕事を輝かせたり、素敵な展開を呼び込むんだと思うんですよね。

たとえば私も1000人単位のイベントを開催するまでには、毎回、企画段階からスタッフみんなで、いっぱい揉んだり軌道修正したり、表に出ない作業や行き詰まりは膨大にあります。それでもやっぱり「みんなに会いたい」、「楽しいからやる」っていう、それがあるから頑張れる。

自分がノリノリでやるから、そういう気持ちが不思議とみんなに伝わっている感じがして、実際イベントをすると、本当に楽しいし、みんなに会えて幸せなんです。

家庭や職場や学校でも、同じだと思うんです。特に、今って不安感をコントロールできなくて垂れ流しにしている人が多いから、自分がちょっとでも元気になれたら、「ほい」って飴をあげるくらいの感じで誰かにそれをあげてみて。その飴ちゃんで元気になった誰かが、また別の人に元気玉をあげられるから。

その飴って不思議なことに、人にあげてもなくならないんですよ。むしろ逆なの！

ケチらず惜しまず、愛を持って世界に飴をあげていると、どこからかまたどっさり返ってくるんです。これは、聖の世界でも俗の世界でも、**絶対共通の宇宙の法則**のようですよ。

逆に、なくなるのが不安でけちけち、ガチガチに溜め込んでると、しだいに先細りになってくる。

だまされたと思って、あなたはどうぞ、楽しい気持ちや元気になることを、惜しまずみんなにわけてみてくださいね。

「なんか」という直感に目を向けると、「このために生まれてきた！」が出てくる

それにしても、今は本当に、普通のことをコツコツ積み上げていくのが難しい社会、風潮もありますよね。「こんなご時世に会社勤めなんてバカみたい」、「というか、働くことそのものに、もはや意味なんてあるの？」なんて一気に極論までいっちゃう若い子がいても仕方ない面もあるのかな、と思います。

ネットでいろんな情報が一瞬にして手に入れられる昨今、耳年増ならぬインターネット年増(笑)になっちゃって、働くなんてもうバカバカしいって思ってしまいますよね。でもね、これから世界がどうなっていくにしろ、いつかお嫁さんになったり、家業を継いだりするから関係ないっていう人にしろ、ひとまず、働ける環境にあるなら、20代のうちに一度就職してみることを私はおすすめします。期間限定でもいいから。

私が今、この２０１３年に20代前半だったらどうしているかな？と考えてみたんです。きっと、「好きな世界で将来の理想の仕事をしていくために、役立つスキルや

経験が身につきそうなところにしばらく修業に行く」って結論を出し、それに向かってガンガン動いているんじゃないかしら。

昔とちょっと違うのは、候補地から東京は外して、自分が心地よく暮らせそうな地方都市や、これから新しい人種が集まってきそうな街で、どこかの会社に入るということでしょうか。

いつか旅人になるにしろ(笑)、将来独立するにしろ、経験も先立つものもなく、何も知らないまま自己流だけでやっていくのもなんだな、と野生のカンで感じるので、社会勉強がてら会社に入るんじゃないかと。

やっぱり社会に出てから会う人って、学生時代やプラプラしているときに出会う人とはまったく違うから、「人間勉強にもなるし、めっちゃ面白いはず！」って、ワクワクしていると思います。

これからどんな時代が来るにしろ、会社員経験をすることで損をすることって、ないと思います。かのトップ・アスリート浅田真央ちゃんも、ＴＯＹＯＴＡに在籍されているように、会社員って社会人としての基礎体力&素地作りには最高なんです。

世の中の仕組み、チームワークによる社会の成り立ち、その中で自分ができること……さまざまな大人たちから、てっとり早く、かつ全方位的に、いろいろ学べますから。流行りのブラック企業に入ってしまったとしても〝世の中には、こうして利益を出している集団やあり方もあるんだなぁ～、私はそういうのイヤ！〟という〈災い転じて、聖俗の学び！〉には、とってもいいはずです。

会社（チーム）じゃなきゃできない、スケールと、責任と、影響力のある仕事に携われる幸せってありますしね。業種や社風にもよりますが、周りの多くの年代の方々を見ていて、特に、女性の30～35歳までは、会社員でいることで得るモノのほうが、多い感じがします。

じつは私も、曲がりなりにも29歳まで会社員をしていたからこそ、ホステス業も作家業もよかったなあって思うこと、結構あるんですよね。飛んでいるなりにも、基礎というか基本の部分で、普通の感覚やパースも持ち合わせることができたから。天職や才能にも、必ず社会的なベースは必要になってくるんです。

天職や才能って、そこから先の話なんです。

それに、ここが大事なんですが、**「人の営み」というものは、どんなときでも、た**

とえ隕石が落ちたって、それはそれで案外しぶとく工夫されてつづいていくものなんです。だから、たとえ今がこの世の大変革期とはいえ、来月一気に世の会社がバタバタつぶれていくなんてことはない。なので、今やりたいことがなかったり、やりたいことはあるけれど資金や経験がない！ っていう方には、とにかく動いてみて、どこかの会社もしくは組織にエントリーしてみてほしいです。現実を生きるための、生活費も稼げますしね♡

また、**お仕事を探すときは、安定性や世間体よりも、自分が本来好きなこと、得意なこと、能力の向いている方向で探す**——。

キーワードは、**〈条件や世間体より、自分と他人の喜べること♡〉**です。

よく結婚のアドバイスで言われることに、「どんなに条件がよくても、生理的に好きじゃない見た目の人と結婚してはダメ！」というのがあるけれど、あれと同じなんです。

天職や、あなたの役割も、親や世間的評価より、自分の好きな道や、不思議とほめられる才能や、それを活かしたオリジナルのご縁の先にしかないと思います。

それに、仕事に就いて数年は、やっぱり慣れないし誰だってスキルもないので、キツいこともありますよね。でも、好きなことや好きな相手となら、なんとか頑張れるでしょ？　その点、条件のみを追求した選択だと、条件の安定保証なんてグラグラの今、同じ苦労でもやりがいや心理的な救いのない、辛いものになっちゃうから。

言葉で気づいていなくても、たとえばうちの母などは、「なんか最近伊勢に行きたいのよね～。なんか行きたいのよ」って言うんですが、その「**なんか**」ってあるじゃないですか。それってやっぱり呼ばれていたり、反応しているということなんです。だからなんとなく感じた「なんか」に目を向けると、その先に、自分に合った役割とか、やるべきこととかが見えてくると思います。

私は、職業って、どんな専門職でどんな天才であっても、基本的には人や社会（または会社）の需要が成立させているものだと思うんです。20代のコたちが、新しい仕事や業態を切り拓いていくにしても、ネット・ビジネスがどれだけ盛んになっても、人の生きる世の中ですから、**肝心のところは人対人**だしね。

人や会社のニーズに、自分の能力や労働力で応えていくことがお仕事。それは変わらないと思います。

逆にいえば、ニーズがないのに、「私は芸術家！」とか「俺は弁護士の資格を持っている！」とか言っていても、「いやー、言ってるだけじゃ職業にはならないでしょ……」ってなっちゃう。むしろ、会社やこの世で需要と供給が成立しているのなら、職業の名前や形は、この先ますますなんでもよくなってくるんじゃないかしら？

あなたなりの宇宙ワークを社会でする！

「宇宙ワーク」を定義するなら、【生まれたときに与えられた天性の能力を、あなたが生きている世界で活かす】ということです。あなたならではのやるべきことをやることが、宇宙的なんですよね。

かといって、「どうしても天職を見つけなくちゃ」ってガチガチに考える必要はないんだけど、その「なんか」っていう感覚がわからなかったら、ゆるーく、「私、これやっていると生き生きするな」とか、「こうするとみんなにありがとうって言われるな」という感覚や実体験、そういうことを意識して、ひもといてみるといいと思います。「いるだけでみんなに和まれてもお金にならないじゃん！」と思うかもしれないけど㈷、そこでそんなふうに思わずに受け入れてみると、案外、お堅い仕事や平凡に見える日々の中でも、それが活かせたりするんですよ。

「今でしょ！」で有名になった方も、塾の先生でしょう？　ご本人は、タレントを目指されていたわけではないと思うんです。あの持ち前の明るさとバイタリティを発揮されて人気塾講師になり、ふとした流れからマスメディアでも火がついた。そういうことだと思うんです。居場所やしていることは、なんだっていいんです。まずご本人がやるべきことを、自分らしく楽しくやっていることがキモ。

それが自然にお金やつながりを生む流れにつながっていくんですね。

せっかくこの世に生を受けたんだから、「私、このために生まれてきたんだ！」って感じる瞬間、やっぱり欲しいですよね。そうしたら、これからの人生もっと楽しく、もっと真剣に生きようと思えるし、生きがいもやりがいも満点になりますよ。

先日、石川県の比咩《ひめ》神社に行ったんですが、そこで偶然、読者の方がお参りしているのに行き会ったんです。「あ、蝶々さんですか⁉」って言われて「そうですよー」なんてお話をしていたら、そこの神主さんが彼女のことをご存じで。

「なんで彼女のことをご存じなんですか？」って聞いたら、ご近所の方で白山神社でもバイトをしていたり、神社にもよくお参りされているなじみの方なんですよって聞いて、「そうか、この方もすごく宇宙的な仕事をやっているんだなあ」と思ったんです。彼女がこの現世でどんなビジネスをしていて、どんな方の奥さんをされているかとかはまったく知らないけれど、ここの地に生まれて、ここの神さまたちをつないでくれていて、石川の天使だなあって。ありがとう！って思ったんですよね。

宇宙的な仕事って、何も世界的に有名になるとか、年収１０００万円を目指すとか、そういうこととは関係ないんです。

あなたが今できること、今やっている仕事の積み重ねなんですよね。誰だっていきなり、ポンと大きな仕事ができるわけじゃないし、大きな仕事だから宇宙的！というわけでもない。

ひとつずつ、それぞれが、やるべきことをやっているそのことのおかげで、世界はなんとか回っているんだし、それが宇宙からすれば素敵で大切なことです。

第8章

ねじれをほどいて
自由自在∞のあなたへ！

♥あなたをひもとけば、元素は「愛」！

ところで、私たち人間という存在は、もともと、何からできていると思いますか？

「遺伝子！」。そうですね。人間界の医学や科学的に言えば、そうなるかもしれません。「心と肉体と魂？」まぁまぁです。ちょっと仏教でもかじられていますか？

……なんて、偉そうに先生ぶってみましたが、これは私の著書なので大目に見てくださいな？

それがね、宇宙的な見地から言わせてもらうと……ビックリしないでくださいね。

答えは、「愛」なんです。ＬＯＶＥ♡

みんな愛の戦士。愛の申し子。愛の人間！　可愛いでしょう？

「根拠は！」と鼻息荒く詰め寄られちゃうと、ちょっと困ってしまうのですが、ひとまずリラックスして聞いてくださいませ。

本書でも繰り返しお話ししてきた、「純度100％の自分」。

そこにたどりつくまでには、確かに多くの藻や、刷り込みや思い込みをいったん綺麗に取り払う必要があります。

そうはいっても、社会的にも職を得て、いい大人になるまでこの世の中で人生を重ねてくると、つるつるの脳内赤ちゃん状態(笑)に戻るには、確かにちょっとした覚悟や勇気や、もしかしたら天変地異のような大きなきっかけがいるのかもしれませんね。

実際、いわゆる世間的な型にははまらず、自由奔放に生きてきたような私でも、冒頭でお伝えしたように、聖俗さまざまに濃厚でインパクトのある体験や、それを受けて、つねに自分自身を静かに見つめ直すなど、今振り返れば、かなりの過程が必要でした。

でも、聖俗や宇宙を含め、あちこち自由自在に、視点や意識が行ったり来たりできるようになると、まず、いろいろなことに対して「なぁんだ」と思えるようになってくるんですよね。

たとえば、東京は永遠に首都だっていうことさえ、刷り込みかもしれません。お金は万能だという現行の価値観も、かなり危うい。

ほかにも、自分は恋愛べタだっていう思い込みとか、天職なんてそうそう見つかるわけないっていう思い込み……そういう古い世の中で「定説」のような顔をして、あなたを縛っていたものを取り払い、どんどんどんどん生まれたままの状態に近い、素の自分になっていくんですね。

すると、最後には、「私が私であること」、そして、その大元に行き着くんです。

じゃあ人間の大元って何？　という話ですが、前述のように、科学者はＤＮＡだとか、詳しくは知りませんが、ナトリウムだマグネシウムだと言うでしょう？

でも蝶々的に、人のエネルギーをひもといていくと、結局みんな「愛」！

だって、あなたも私も〈愛〉がなければ、今この世に存在していないんですよ。愛から生まれてココにいる。そのことに気づかざるを得なかったんです。

そう、自分にくっついちゃった変な黒いものとか、ゆがみとかを全部取って綺麗にしていくと、誰しも結局、裸の自分は愛だけだった！ってことになるんです。

よく、「うちのお父さんとお母さんはすごくいがみあっていて、そんなふたりから生まれたから、私はゆがんでいる」と嘆いたりする人がいるけれど、ふたりが子どもを作ったときって、やっぱり愛しあっていたと思うんです。ゆがんでいても愛しあっていた。それがなかったら、まず結合しないし、私たちが生まれるまでに、「なかったことにする」という選択肢もあったはずでしょう？

それなのに、私たちの親はこの先、「この子の未来はつづく、幸せになって欲しい！」と思って、新しい命を生み出してきたんです。

神さま的な大いなる視点で見たら、時には無謀なくらいの希望や純粋さを持って、命をつなげてきたんです。

「私は愛されていない」とか、「幸せじゃない」とか、言う人もいるけれど、私からすれば、「イヤイヤもう、おバカさんね♡」って話ですよ。

すでにこの世に出てきている時点で、ものすごく強烈な、バカって言ってもいいくらいの、人間の無茶な妄信的な思いがあって、あなたはここにいるんです。だから、誰がなんと言おうと、あなたも私も、みんな愛からできている愛の存在で、神さまや宇宙にも溺愛されてるんですよ（環境スパルタ教育でも♪）。

そのことはね、じつはずいぶん昔に、伊勢の神さまにも言われたんです。最初に伊勢に行ったときに、「本当に人間の余計なものを全部抜いていけば、ただの愛になるんですよ。そのこともみんなにお伝えください。誰しも愛されているし、だから愛することができる。だって、もともとみんな、私たちの愛から生まれているんですから」って言われたの。

初めは、私も（愛ですか？　またまた〜）くらいに、自分の中でそのメッセージはわりとさっくり消去していました㊦。

でも違った。聖俗を極めていくごとに、シンプルな「ただの自分」にかえっていくほどに、「それは本当だった！」とわかってきたんです。

あなただって、現代の日常生活の中でも、普通に使っていませんか？「愛があるな〜」とか「愛がなさすぎて、パッサパサ！」とかね。

愛のあるなし

極端な例ですが、たとえばお金のために、愛のないセックスや愛のない接客ばかりしていたら、もともと愛でできていて、柔らかく染まりやすい女性ほど、すぐ薄汚れた雰囲気になってしまったり、精神のバランスを崩して、鬱っぽくなったりすると言いますよね。

そのように、良くも悪くも〈愛のあるなし〉は、直接的に人間の体調や心にも、作用しているのです。


先日も、私がたまに立ち寄る銀座の料理屋さんの料理長（35歳・独身）が、深夜を過ぎたころから、普段は飲まないお酒を飲んだせいかたがが外れ㊐、「蝶々さん、僕、仕事は忙しいし、出会いはないいし、彼女いない歴5年くらいになっていました。それでじつは先月、風俗の女の子を家に呼んだんです……」

なんと〈東京男子の夜の告白〉を始めたんです。

「そ、それでそれでっ？」こんな話題になった途端、カウンターから前ノリになるのもどうかと思うんですが、私のモノカキ魂はがぜんウキウキに。

「いやあ、若いころも経験はあって楽しい記憶があったのですけど、20代の結構可愛い子が来てくれたんですけど……することはもちろんしましたよ。だけど、そのあと、むなしかったですね～！」

要約すると彼の訴えはそういうことでした。

「やっぱりそりゃあ、彼女もお仕事だし、そこに愛はないもんね」

私はそう答えました。

「ですね〜」

「そうだよ〜。大人になるほど、愛がないのって嫌になるよね……」

「そうなんです！」

「っていうか、そういえばあなたのごはん、愛があったっけ……？」

「ええっ！」

みたいな会話が繰り広げられたのですが、具体的なシチュエーションなどは別にしても、あなたにも思い当たることはありませんか？

「今さら、愛とか言われても！」という方でも、相手に愛がある行為か計算ずくのことか、愛を込めて作られたモノか、大量生産で効率のみを目指したモノか、やはり肌でわかるものですよね。

まずは、その感覚を研ぎ澄まして、身の回りにできるだけ「愛」のあるものを増やしていきたいですよね。

真ん中を「愛」にする

私たちは武器とかお金とかではなく、愛で生まれてきたから、柔らかくて、傷つきやすく、すこしずつ老いていく体を全員抱えているけれど、魂は本当に強いのです。だから、すこしずつでいいから、藻を抜きましょう、思い込みを外しましょう、ねじれをほどいてゆきましょう。

それがほどけて、すっきりした自分になると、あなたのただの「愛」そのものになる。愛は肌触りがよくて、温かくて、気持ちいいのに、すごく強いから、簡単に侵食されたりしない。「まさか?」と思われるかもしれませんが、それが今、社会の環境問題や放射能問題などからも、かろうじて私たちを守ってくれているかもしれない。

医療も、科学技術も、人の知恵も、「愛」の動機で発展するものは、人のためになることが多いですしね。

もちろん、愛が万能とまでは言いません。現実はマンガではないから、愛があればなんでも完璧に守れる! というわけにはいかないかもしれない。

でも、放射能の問題みたいに綱引き状態で拮抗しているときに、みんなが愛であることを意識して、愛でつながり、愛が大きくなれば……ギリギリのところで助けが入ったり、「ああ、こうすれば、みんな守られるかもしれない！」という、新しい愛の知恵が生まれたりするんです。

そのことに本当に気づくと、ひとりひとり、やることが変わってきます。

たとえば、証券会社で仕事をしていた人でも、愛が真ん中になってくると、これ以上自分の成績や会社が儲かるためばかりのお金の扱いや、データや方法論ばかり全力でやっていられない、と頑張りどころが変わってくるかもしれない。

そして自然と、同じ仕事でも、愛の財産管理にシフトしたり、愛の自分が必要とする場所とか、天職の方向に向かいはじめるものなんです。

「愛なんかでごはんを食べていけないよ」、と言われるかもしれないけど、前述の八角形を思い出してください。社会であなたの愛を形にするために、この世でリアルに生きていくための行動ややることは、いろいろやってくださいね。ただ、**あなたの真ん中を愛にする**、ということなんです。

そうなったらそうなったで、愛の仲間が出てきて、そのつながりやお仕事で、だんだん生きていけるようになってくる。それが、新しい時代の流れでもあるのです。

実際、今そういうことに気づいてきている若い子たちや、目覚めてきている人たちは、お互いに「愛だね♡」とわかるし、わかりあえるので、話がとてもスムーズなんですよ。

私はよく、日本全国でも海外でも、出先でやたらお友だちやBFがすぐできるので、周りに驚かれるのですが、私から言わせれば簡単なこと。

「愛の波動で動いてる人は、愛のある場所、愛の会話、愛の雰囲気になっているから、すぐわかるし、つながっちゃう！」

先日も、伊勢でふらりと入ったショップに、とてもピカピカした背の高い20代の男子がいて。彼はイケメンなんですがピンクのニット帽をかぶって、胸にうさぎのぬいぐるみを挿していたんです。

「あらー、うさぎちゃん！　私のお友だちに、カメラマンの小鳥さんって子がいるよ。私は蝶々だし♪」と、すぐお友だちになりました。これはリアルな会話です(笑)。

また、じつは私のペンネームでもある蝶々と小鳥は、全国の神社のご拝殿ののれんに必ず描かれているモチーフ。神社界では「神のつかい」との共通認識があるようです。

なので、飛び入りで取材や撮影を申し出ても、「蝶々です」、「小鳥です」と言うと、「ああ、お役目なんですね」と神社関係者には、スムーズに話が通ることも多々。これが、一般の会社の受付やお役所に飛び入りをして、「蝶々です」、「小鳥です」と言っても、「はぁ?」って目を丸くされるかもしれないですけどね㊛。

そんなふうに、若くてもご年配の方でも、外国人であっても、そういう仲間には、お互いだけがわかる記号や雰囲気のようなもので、伝わりあったりもするんです。だから、面倒くさい説明や過去のデータやエビデンスなど、出さないで済む。

目と目が合ったり、「あっ♡」と、雰囲気や波動で伝わりあうので。実際の話はすごく早いし、言葉は必要最低限で、そんなにいらなかったりする。

そうなると人間、「愛」のほうが気持ちいいし、愛の人間関係や愛のお仕事は、どこもひっかかったり、とがったりしていなくてスムーズだから、どんどんそちらに向かいますよね。「こっちのほうが楽しいね」って。

「義務」とか「経済的安定」だったかもしれない中心を「愛」にひっくり返して、今まであった人間の知恵（便利さ）に足していくと……現在ある世界にも、今私たちがやっている一見つまらないようなお仕事や日常生活にも、全部生きてくるんです。大きな会社や自治体であっても、愛の百貨店、愛の出版社、愛の〇〇県にリニューアルしていけばいいんですよね。

「蝶々も、自由さと能天気さが高じて、そこまでぶっ飛んでしまうとは……」と引いてしまったあなたも、「理想論だよ、今はそんな話すんなり受け入れられない！」という方も、意識だけはしておいてください。あなたも、愛の存在だということを！

そして、これからは誰しも、愛の道に向かったほうがいいと思います。だってそれが、みんなのナチュラル、天然、あるべき姿なのですから。本当にそうなれたら、誰よりあなたが、とっても楽で幸せな気分で生きられると思います。

保身とか義務ではなく「相手のために」という愛の心で働いていけたなら、その人は、そこですごく求められるようになるし、心がふくふくに満たされるし、そういう人々が吸い寄せられるように周りに集まってくるんです。

そして、気づいたころには、愛の世界の住民になっている、というワケ。ホントですよ♡

女子的東京問題

ちょっと歩けばおしゃれなカフェや素敵なショップがあったり、話題の最新映画やアーティストの作品が見られたり、大都市・東京は、多様に洗練されていて、楽しい街ですよね。

若い女性じゃなくとも、誰もが一度は東京に憧れるのかもしれません。

でも、日本人なら今も決して、忘れることのできない２０１１年の東日本大震災が起きて、そんな「東京って便利で素敵♪」というムードも、少々変わってきていると思いませんか？

あの震災は、みんなが「なんかおかしいかも？」と気づく、大きな転機にもなったと思うんですよね。物理的にも精神的にも地盤からドーンと揺さぶられたことで、水面下や見えないところでは、かなり前から進行していた私たちの世界の問題が、表面化してきた。

これはもちろん、東京や東北だけの話ではないと思うんです。

日本全体の問題。みんなの問題。

そして、今を生きている私たち女性全体の〝これからの生き方問題〟でもある！

ただ、東京は首都なだけあって、現代人の社会問題をお話しするのに、かなりシンボリックでわかりやすいテキストなので、そこを中心に考えてみましょう。

私自身は、東京むかつく！とか、嫌い！というわけではまったくないです。むしろ大好きでノリが合うからずっといたんだし、お仕事仲間もみんな東京にいる。今の東京自体がダメだ、と言っているわけではないです。

そうではなくて、「東京的」というものが、もう古いよね、と思うんです。

「東京的」というのは、一番優秀なこと、強いこと、カッコいいこと、おしゃれなことがいい……そういった、強者＝ＷＩＮＮＥＲ、マテリアル第一主義的なマインドのことですね。

「東京的」は、資本主義社会の象徴なのかもしれませんが、ぼんやりしている人、弱い人から搾取することが多くて、「いろんな人がいるから、この世界は素敵なんだよね」という愛の価値観のようには優しくないと感じるの。

だから、繊細で揺れやすい母体を持つ女性たちにとっても、ときどき厳しい側面があるのは事実だと思います。

肩こりやいつも抜けない疲れ、さらには生理が止まっちゃうほどのストレスを感じていても、当たり前のようにスシ詰めの満員電車に揺られて通勤し、ハードな労働をつづけているうちに、とうとう倒れてしまったり休職や退職をする友人・知人も、3・11の前からチラホラいるんです。それでも、「生活のために、ローンのために」、「東京生活や、会社員ってそういうものだから」と女性たちもだましだまし頑張っている。

そういう古い体制とか価値観が今の時代に合わなくなってきているにもかかわらず、そこから目を背けたまま真実をねじって、今でも「東京的」をつづけようとしている社会の現状が、「不自由な毎日」を生み出しているのではないかしら。

テレビだって注意深く見ていれば、「東京や華やかな世界の変化、舞台裏の苦しさ」がわかると思うんです。

　可愛くてつるつるだったはずの女優さんやタレントの老け方やお肌の疲れも、最近如実な感じがしませんか？　私は出先のホテルや友だちの家などで、ごくたまにしかテレビを見ないのですが、たまに見るからこそ、「えーっ!?」と衝撃があります。

　インターネットやスマートフォンなど、モバイルツールの発展も手伝っているのかもしれませんが、明らかに昔の時代のスピードと、東京、特にメディアの世界の時間の流れが違うような気がします。電車でもカフェでも、いつもＬＩＮＥやツイッターを気にしている人も、相当数いますよね。人はロボットではなくやはり生き物だから、便利なようでいて、じつはその急き立てられるようなスピードに、肉体や精神が対応しきれていないのではないでしょうか。


　そんなふうに、みんなが息苦しかったり、普通に生活できているはずなのに、先が明るい気がしない、生きていることが楽しいわけじゃない、と感じるのは、「なんかおかしい」と心の奥底で感じているのに、そのねじれがいつまでも解消されず、ふたをしたままの〈東京〉という容器の中で、いろんな鬱屈や想いが、今にも爆発しそうにふくれてきているからなのかも。

土地や人のエネルギーを流したり浄化するのを助けてくれる、緑や大自然もすくないですしね。

そう考えると、今の東京や都会生活は、女性にとって、相変わらず一見楽しそうだけど、環境的、物理的には、決して優しくないのかもしれない、と私は多々感じるのです。

2020年東京オリンピックと私たち

2020年に東京オリンピック開催も決まりましたね。私自身、正直は開催が決定したとき、大ショックを受けました。まだまだ権力が一番！ というような勢力が強いんだと現実をハッキリ認識せざるを得なくて。

一方で、古い権力者たちの、すこし強引に感じるくらいの見切り発車によって、あと「7年」と期限を区切られたということにも、意味があると思っています。

これは今後の日本の試金石でもあって、神さまのシナリオでも、どうするかすべては決まっていないことみたい。

原発のこととといい、今まではふたをしていたことが、大震災を機に開けざるを得なくなったんですよね。でも元の子飼いのシステムの流れや枠を、全体の経済のためには止めたくない。だから、みんなをこれまでの仕組みの中に戻そう、ふたを今までより強固に閉じてしまおうという力で、「何もなかったよね」とウソをついたまま、また形を整えようとした。そりゃ、宇宙人もビックリですよ(笑)。

そんなことは、地球環境的にも、宇宙のエネルギー的にも、神さまや私たち人間のホンネとしても、もうつづけてはいけないんだと思います。


なんだか、なんちゃって政治家みたいな言いぐさになりますが、それでも、私たちひとりひとりの「真実がいいよね」という意識、「正直が気持ちいいよね」というすこしずつの意識でしか、街や国を変えてゆけないと思うんです。

「ただのOLの、私にできることなんてないわ……」と、無力感を感じすぎる必要はないと思います。

大小、役柄、老若男女関係ナシ！　私たち女性のひとりひとりの意識や想いの力も

∞だし、それらがどんどんつながれば、ひいては、街や日本や宇宙に届く∞になるでしょうから。

未来はまだ、どちらの方向にも決定はしていないんです。どんな形にでも、私たちみんなで変えていけるはず。

東京生活を乗り切る！　女子的工夫

そもそも、現代人はみんな素直でおとなしいのでしょうね。2年間も原発から放射能が漏れつづけているのに、こんなにも環境を穢されているのに何も言わないし、自分がいるコミュニティの和を乱すと生きづらくなるから……と、口をつぐんでいる。そして、「そんなひどいことはなかったかも？」って自分に目隠ししてねじっちゃう。

いや、思いきり、ありましたって。大地震もあったし、原発もバンバン爆発したんですよ。それは事実でしょう？　それで環境は、残念ながらかなり穢されていて、今もどうなっているかハッキリしない。じゃあ、私たちひとりひとりはどうしましょうね？　どうやって健康や大切な人を守ろう？　どこで、どんな形の未来像を描いている？　と私はいつでも、どこでも、誰にでも発言したり相談するようにしています。

そう投げかけてみても、東京周りでは、やはり言葉につまったり濁してしまうような人が多かったので、蝶々はいろいろ検証してみました！　私も、月に一度くらいは、今でも仕事で東京滞在することはあるので。

私なりにアレコレ試してきた結果、こうすればまだ東京生活をなんとか健やかに綺麗に乗り切れるんじゃないかしら、という女性ならではの工夫を6つご紹介したいと思います。ピンとくるものがあれば、ぜひ！

①朝晩の満員電車をできるだけ避ける！

早朝出勤制度に切り替えたり、自転車で通える場所に引っ越したり、会社員でも工夫されている女性は多いですよ。それだけでずいぶん楽になるみたい☆

②週に一度は転地をしたり、携帯電話やパソコンから離れて、自然をたっぷり浴びる半日を作る！

電車で1時間くらいの葉山や高尾山でも、気分やエネルギーはずいぶんリフレッシュされ、切り替わります。都内の明治神宮や大きな公園など、緑が感じられる空間にお出かけするのもいいですよ。

③余計な飲み会や外食は極力減らして、家でのんびりしつつ自炊を習慣にする！

蝶々もお弁当持参で出かけたり、友人の家でお取り寄せ野菜で簡単な鍋を作ったりしています。東京で暮らすからこそ、本当に体にいい食事を摂れるよう、工夫していきたいですよね。

④ホンネで話せる、意識の高い友人を求めたり、コミュニティに入る！

東京ならではの優秀な人材や、健康や放射能問題においても、アンテナの高い人たちは存在します。そのような人と会話をしたりネットワークを持つことで、東京生活や未来への有益な情報が入ってきたりするんですよ。

⑤ストレス度が高いぶん、好きなことを楽しむ！

東京のいいところは、楽しみやエンターテインメントにも多様性があること。東京にいることが惰性ではなく、本当に楽しい！　と思えるようになると、人間元気でいられるものです。マニアックな趣味や楽しみを、遠慮なく追求してみて。

⑥本当に疲れたときは、思い切ってしっかり休んだり、ぷち断食する！

これは、東京生活にかぎらずそうですね。私も、どうしても体調がすぐれないときは、一日ホテルで誰にも会わずに、冬眠中の熊みたいに寝ていることもありますよ。一日睡眠をたっぷり取って、内臓をしっかり休ませると、翌日不思議に元気がみなぎっていたりします。

あれこれ工夫しながら、健やかに幸せに自分らしく暮らしていくためには、東京の何区から何区までがダメとか、そういう話じゃないんですよね。

私たちの意識の持ち方や、マインドの問題なんだと思うのです。そのことに気づいて、自分の意識を変化させたら、同じ土地にいて、同じ仕事をしていても、生活習慣も行動半径も人間関係も、劇的に変わるんじゃないかしら？

私のマネージャーは、東京で暮らしていても、出張や移動も多く、いつ会ってもつるつるしていて元気いっぱい。むしろ東京という便利なベースを使って、新しい仕事のやり方や、新しい生き方、そして、「このままじゃダメだよね」と気づきはじめた人々を中心に、新しい人脈をガンガン作っている。

そういうふうに新時代を構築していける人たちもいるので、東京にいたらダメとか、田舎にいれば○という話でもないんです。要は、生きてゆくことに対する意識の持ち方と生き方の選択なんですよね。

そもそも、東京は人口が多く競争率も高いので、優秀でパワーのある方々も、実際多いでしょう?

だからこそ、「ハッ」と気づけばいいんですよ。この世の本当の仕組みや、その中での∞の自分、そして、その能力や生命エネルギーを、これまでどう使っていたか。そして、これからはどうこの世界で活かしていきたいのか……。

これまでの枠やルールの中でも、それなりに結果を出して、能力を発揮し、楽しく生きてきた、そういう方々が、「自分の真ん中の愛」や「自由自在の私!」に、本当

に気づいて目覚めたら、細胞の修復や、その後の展開も人一倍早いと思いますよ♡

人生は自分で選べるんです。本能や感性で、比較的身軽に動くことのできる、女性ならなおさらです。

東京で頑張りつづけることを選択しても、これまで鉄板の首都だった東京から自由になって、どこかで何かを作ったり発信することで、新しい東京作りに貢献しても。まったく新しい土地でやり直してもいい。

でも、今後の道に迷ったときは、「どこであれば、私らしく、女性らしく生きられるかどうか？」を指標に考えるといいかもしれません。

柔らかな女性だからこそ、自分自身の状態や人間関係、そしてライフプランを見据え、冷静に考えていかなくてはいけない時代なんですよね。

♥自分自身が進化すると、未来の居場所へ配置される♡

自分をぐるぐるに巻いているねじれをほどいて、今までの社会やシステムが「なんかおかしい」ということに気づけたなら、今度は自分を「新時代対応型」に進化させる番です。

環境の変化に対応していくのは苦しいことですよね。だからみんな、「何もなかったふりをする」という楽なほうに行っちゃう。でも、やっぱり、意識的に対応していかないと、本当の進化はできないんですよ。

自立して自由になる

変化は時の流れにつれ、誰にでもあることだけど、本当の進化は「心が自立」していないと難しいかもしれません。

心の自立というのは、単に経済的に独り立ちしていればいい、ということではなくて、これが不思議と、年端もいかない幼児にだって、自立心旺盛な子っていますよね。「自分のことは自分でするから、子ども扱いしないでくれ！」みたいな感じで、手を貸そうとするとプンとはねのけたりするような子。いい根性をしているというか、そういう子は、何事に対しても、尊厳を持ち、受け身で生きていかないでしょうから、将来とっても有望です☆

大人であれば、なおさらそうです。たとえば会社という組織にいるのに、会社の愚痴ばかり言っていたり、仕事に対する不満ばかり言っているのは、精神的に自立しているとは言えないですよね。そういう人は、会社にどうにかしてもらおうとか、周りになんとかしてもらおうとしてばかりいる、厳しいかもしれませんが、他力本願な精神世界に住んでいる。

伊勢でよくいわれる、「おかげさま」の精神と、他力本願も、まったく別物だと思うんですね。おかげさまは感謝の心で、自分の生活や自分の心を、自分でまかなっているからこそ、相手への素直な感謝が生まれてくる。でも、他力本願は、「私が何かをしなくても、誰かがなんとかしてくれないかな」とつねに欲しがる心なので、魂的にはちょっぴり幼稚かもしれません。

私自身も、30歳でフリーになり独立はしているので、協調性にはやや（かなり？）欠けているかもしれませんが、「時代がどうでも、周りがどうでも、自分なりになんとかやっていこう！」という、自立心はベースにあると思います。

そうして、会社が守ってくれないフリーの身になるとしみじみ、自身の「やっていること」が「自分」を作っているとわかる。そして、自分を一生懸命生きだすと、他力本願の精神も、不思議と消えてなくなっていくの。

残るのは、感謝の気持ちと、人として成長したいなぁ、と望む気持ち。

会社員の方であっても、本当に心が自立しはじめると、会社の愚痴よりも、「お給料をくれてありがとう」ということになるし、「会社の名刺を与えてくれて、いろんな人に会わせてくれてありがとう」ということになります。世界や人の見え方を始め、すべての意識が変わってくるんです。それが自立する、ということです。

精神の自立って、うらみつらみや、ウジウジした湿気がなくなるので、気持ちがすっきりサッパリするんですよ♡　また、精神が自立していると、しがらみや他人の思惑からも自由になりやすいため、物事がニュートラルに見られるぶん、気づきも覚醒も早くなるんですよ。

自立というと孤独でハードなイメージもあるかもしれませんが、むしろ、自立した人間同士のネットワークが広がっていくので、楽しいですよ！　それは、日本の「みんなで仲よく」という和の精神と自立するということは全然違わないんです。

魂の進化で未来が変わる

面白いことに、**目に見えないはずの魂が進化するにつれ、目に見える居場所や環境も必ず連鎖して変わってゆきます。**

まず、自分の内側の進化あっての、現実世界の変化ということ。

たとえば、「周りを乱さないように、余計なことを言わずにおとなしく働いていれば、最低限の安定が保証される」ということが、一番大事だった精神から、「自分ならではの仕事をしたい。ホンネが言える仲間と、すこしずつでも未来に貢献しながら生きていきたい」という魂に進化したとします。

そのように、意識や魂が本当に進化してしまうと、自然に、これまで当たり前のようにのっかっていたベルトコンベアーや風景や常識には、違和感を感じるようになりますよね。その「なんか違うかも…」という違和感や辛さが、あなたを新しい人間関係につなげたり、引越しを促したり、新しく動かしていくのだと思います。

事実、私はそうして、銀座～NY、NY～世界巡礼、伊勢、そして自由自在の自分へ、と自分の変化につれて、過ごす風景も変わってきましたからね。東京で慌ただしくも、おもしろおかしくも、何不自由のない生活を送っているときも、20代後半から30代前半の私の心は、苦しかったんです。（ココじゃない。もっと違う、広い世界に飛び出したい）と本当に夜な夜な、眠れなくなり天井を見上げながら、そう思っていました。

そこで、変化を恐れず、自分なりにドンドン元気に動いていったから、今の私に後悔はひとつもないし、この先も楽しみでしかないのです。

あなたの未来の居場所も、未来の人間関係も、じつは社会や時代が決めるわけではありません。今のあなたの魂が今の生活の中で、どれくらい進化していくかによって、じつは決まっていくんだと思います。運命の出会いだってきっと同じですよ♡

♥ ねじれがほどけた自由自在∞のあなたへ

いかがでしたか？

だいぶあなたの中のねじれもほどけてきたでしょうか？

そして、自分の真ん中が〈愛〉であることがわかってくると、不思議と、自分だけでなく、あたりのねじれもほどけはじめ、あなたの視界や世界もどんどんすっきり！ 気持ちのいいものになっていきます。

曇っていたメガネのレンズがサーッと洗われたように、（あれ、これまでなんであれがいいと思っていたんだろう……）と急に色褪せて見えるものや、（あら、こんなに近くに、こんなに素敵で愛のある人が！）など、世界がよく見えてくるんです。

そうなると、スモッグだらけで星なんか見えないよ！ と思い込んでいた東京の空にも、キラリと光る希望や何かを見つけられ、胸を張って意気揚々と歩けるようになるかもしれません。

対人面でも、表面的なことだけじゃなく、その真意が見えてくるようになります。相手の顔と目をまっすぐにのぞいてみるだけで、自分にとってどういう目的を持って何を言っている人なのかもわかってきます。中にはもっともらしいことを言って、足を引っ張ろうとする人もいるかもしれません。

でも、愛でいっぱいの人の空気が柔らかくて美しいように、そうじゃない人の目の光やお肌や雰囲気は、まったく違うもの。

すぐにわかるようになるし、どちらがどうだと非難するのではなく、自分にとって心地よかったり、愛を感じるほうに、手を伸ばしたり近づいていけばいいんです。

世界は複雑なようでいて、一度仕組みやからくりがわかると、「なーんだ」って心がスッと晴れたり、「ここは、悩まずサクサク片づけましょ」ってかえってサクサクとスムーズに処理できるようなことも結構あるんです。

あなたさえ自由自在の心や存在になれば、時にわずらわしかったり、時に面倒くさいように思えるこの世界を生きることも、瞬間瞬間が愛おしく、とても楽しくなるんです。本当ですよ。

そして最後に。

これを読んでいるあなた自身も、宇宙や神さまからすれば、今を生き、各地で奮闘し、新しい未来を作っていく、大事な大事な宇宙メンバーです。しかも全員、おじさんだっておばあさんだって、とっても可愛い、愛すべき存在なんです。

そのことを、どうか、そろそろ思い出してください。


そしてこれからは、ますます、ねじれをほどいた自由自在、∞のあなたにかえりましょうよ。

そして、この世の聖俗を行ったり来たりしながら、この世界であなた自身を輝かせて、思う存分、生きていきましょう。

大切なあなたへ、ささやかかもしれませんが、私も愛とエールを贈りつづけます！

蝶々　ちょうちょう　作家・エッセイスト。
2002年『銀座小悪魔日記』（宙出版）でデビュー。
『小悪魔な女になる方法』（大和出版）が
50万部を超える大ベストセラーになり、
一躍女性のカリスマ的存在となる。
女性誌を中心とした連載、著書多数。
近著に『蝶々良品』（講談社）、『愛され浄化』（小学館）。
恋愛指南にとどまらず「女楽」をテーマに、小説執筆、
イベント開催など、多岐に活躍中。

聖俗
世界巡礼×銀座クラブ時代に得た自由自在∞の私！

2013年10月29日　初版第1刷発行

著者――――蝶々
発行者――――塚原伸郎
発行所――――株式会社　小学館

〒101-8001　東京都千代田区一ツ橋2-3-1
電話　03-3230-9237（編集）
　　　03-5281-3555（販売）

印刷所――――大日本印刷株式会社
製本所――――株式会社若林製本工場

装幀――岩瀬　聡
撮影――川島小鳥（カバー・人物）、岡本明洋（カバー・物）、野呂美帆（帯）
ヘア＆メイク――松永香織
イラスト――みちのく
編集協力――田坂苑子
校正――吉田悦子
構成・編集――miu
販売――中山智子
宣伝――内藤尚美
制作――太田真由美、坂野弘明、丸岡直佳

ISBN978-4-09-388333-7
本書はすべてこの本のための書き下ろしです。